教師のすすめ

小川　真太郎

目次

第六章　歩んできた道

はじめに

小学校の時の担任の先生に憧れ、大学の教員であった父、小学校の校長であった祖父、前橋市内の中学校の教員であった父の従兄弟の影響を受け、私は中学生の時に将来、群馬県で教員となることを決意しました。

中学校入学当初は、県知事の運転手をしていた母方の祖父の影響もあり、私は大好きだった自動車の開発テストドライバーになりたいと思っていた時期もありました。しかし、父との激しく厳しいやりとりの中で、小学生から修行していた柔道を生かし、保健体育の教員に導かれました。

群馬大学教育学部出身の父、その群馬大学教育学部の前身である群馬師範学校出身の祖父から、私も群馬大学教育学部への進学が求められていたのが正直なところです。

小学校、中学校時代と暴れん坊だった私が、多くの方々の教えや支えにより、何とか群馬大学教育学部へ進学し、念願の保健体育の教員として、二十四年間学校へ、三年間県スポーツ行政へ奉職することができました。三人の娘も小学校の教員、認定こども園の幼稚園教諭・保育士、大学生となり、親としての責務をもう少しで終えようとしています。

そんな中、現在の学校現場は、教師の多忙化に拍車がかかっており、教師不足もとても深刻な状況です。これからの社会を担っていく子どもたちをしっかりと育てあげなくては、私たちの将来が大きく揺らいでいきます。このままでは、日本社会が成り立たなくなってしまいます。

このような現状を私たちは一刻も早く打開していかなくてはならないのです。教師は、児童生徒に寄り添い、子どもたちと生活を共にし、互いに成長していけることに大きな魅力がある職業だと思います。そのことを若い人たちに伝えたいという止むに止まれぬ思いが私にはあります。

多くの皆様に教師の魅力ややりがいを少しでも感じていただき、興味関心を高めたり、志したりしてほしいと思っています。

また、これまで私に関わっていただいた方々へのお礼や感謝の気持ちを表したく「教師のすすめ」として一冊の本にまとめることにしました。「ぐんまマラソンのすすめ」に続き恐縮ですが、お読みいただき、教師という仕事に興味関心を感じていただければ幸いです。

第一章　教師の魅力

◆子どもたちの笑顔

明るく元気な笑顔には何よりも「力」をもらうことができます。教師としての仕事の励みにもなり、子どもたちができた喜びを笑顔で表した時は、何とも言えないうれしい気持ちになります。

脳科学の専門家ではありませんが、人は笑顔になる時に幸せを感じると思います。そして、本心から喜びや幸せを感じている時に、人は笑顔になると私は思っています。子どもたちが目を輝かせ、笑顔で私の話を聞いてくれている時、教師としてやりがいや生きがいを感じる瞬間であります。

目の前の子どもたちを笑顔にしてあげることができれば、子どもたちは幸せや喜びを感じることができると私は思っています。笑顔とは逆に、いい顔をしていない時には、注意深く配慮して見守ってあげなくてはならない時です。どんな家族や職場でも笑顔が互いの喜びや楽しさの表れの一つだと思います。

子どもたちの将来を考え、子どもたちの魂を揺さぶり、多くの体験や経験をさせてあげることによって、子どもたちは大きく成長します。

その成長の過程には、様々な課題や困難があると思いますが、本気でぶつかり合いながら共に乗り越えていくことによって、得られる達成感や分かち合える喜びは何事にも変えがたいものがあります。その時に現れる笑顔や涙は、生徒の心を大きく成長させるのです。

私は、幸せなことにそのような経験を教師という立場でたくさん経験させていただきました。教師としてのやりがいや生きがいを肌で感じることが、私の教師としての原動力になっていました。教師をしている方々やこれから教師を目指している方々にもぜひ目の前の子どもたちの笑顔を大切にしていってほしいです。

子どもたちの笑顔を毎日見ることができるのも教師の魅力の一つだと思います。

◆日々の授業

教師の魅力の一つは、日々の授業で、分かる楽しさやできる喜びを子どもたちと分かち合うことができ、間近で子どもたちの成長を見られることだと思います。

そして、教師は子どもたちと様々な思い出を作りながら、彼らの夢や希望を実現する力を身に付けさせてあげられる存在だと思います。

教師は授業のために、教材研究をします。そして、単元全体の目標から一時間単位の「めあて」を決めて授業の流れを考えます。一斉指導で挙手を求めたり、グループごとに話し合いをさせたりと様々な学習形態で授業を展開し、現在は学習指導要領で示されている知識・技能、思考力・判断力・表現力、主体的に学習に取り組む態度を身に付けさせます。子どもたちに興味・関心をもたせながら授業を進めていくためには、授業準備がとても重要で大変な仕事でもあります。

しかし、目の前の子どもたちが目を輝かせながら、分かる楽しさやできる喜びを笑顔で表現してくれた時は、とても喜ばしい気持ちになり、やりがいを強く感じる場面になります。このような魅力ややりがいを多くの教師の方々に感じていただき、自分の人生をより充実したものにしてほしいと思います。毎日の授業で、子どもたちが分かる楽しさやできる喜びを感じる場面に立ち会えるのも、教師の魅力の一つだと思います。

◆学級担任

自分の学級を持ち、一年間、学級の子どもと様々な経験をし、互いの成長を認め合える学級担任の仕事は教師の醍醐味の一つです。私が担任をしている時、私にとって学級生徒一人一人の存在が本当に大切でした。子どもたちの個人調査票をしっかりと頭の中に入れ、住んでいる場所や、家庭環境、両親の仕事先など詳細な個人情報を把握しながら、何が起きてもすぐに対応できるようにしておく必要があります。

そのため、学級担任は学校の中でも、子どもたちにとって一番近い存在の教師であり、子どもたちと信頼関係を一番結びやすい存在です。子どもたちにとって、親近感を一番感じる存在でもあります。

学級単位で、競い合う体育大会や合唱コンクールでは、担任として子どもたちと一緒に熱く盛り上がり、魂が揺さぶられる経験をすることができます。

童心に返って、子どもたちともう一度青春を謳歌できる存在でもあります。

子どもたちは学級の仲間との関係で、意見が異なったり対立したり、いろいろ課題は出てきますが、それらを解決し、乗り越えていくことによって一人一人はもちろん、学級として大きく成長することができます。

学級担任は、教師の魅力を最も強く感じることができると思います。ぜひ若い先生たちには、学級担任として、子どもたちと様々な経験を通して互いに成長していってほしいと期待します。

◆やればできる

私が前橋市立箱田中学校に勤務した時、校内に石像があり、そこには「やればできる」と書かれていました。当時の校長先生が、学校通信の表題をこの「やればできる」と題して学校便りをお作りになられていました。

どんな物事に対してもやらなければ結果は出ません。

しかし、やれば結果が出るというものでもありません。特に勉強や部活動も、やらなければその先はありませんし、やったとからといって結果が出るわけでもありません。

大切なのはやるという取り組みの内容です。一生懸命取り組む、計画的に取り組む、振り返りを生かすなど取り組む姿勢や内容も考えなければなりません。

教師は、学校教育の中では、子どもたちに様々な活動に取り組ませることが求められます。その活動の中で、「やればできる」という言葉を投げかけ、子どもたちの意識を高め、活動に前向きに取り組ませることによって良い結果を導き出せるのです。

「やればできる」から「できる」となり、できることに対して、自信や誇りを持って他のことにも、「やればできる」を実践するようになり、人として大きく成長し、自己の進路の実現につながると私は思っています。子どもたちのそのような場面に寄り添い、間近にその成長を見届けることができるのも、教師の魅力の一つだと私は思います。

◆信頼関係を築けた瞬間

子どもたち一人一人と教師の信頼関係はとても大切です。

しかし、人との信頼関係は、簡単に築けるものではありません。お互いが理解し、認め合えなければ信頼関係は築けません。

教師と子どもとの関係も同様です。

子どもたちに愛想を振りまくことは簡単ですが、教師という立場で接するには、優しいというだけでは、その職責を果たすことはできません。褒めて、喜ばせて、気持ちを前向きに導くことも必要ですが、物事の良し悪しをしっかりと教え、道理に反することに対しては常に厳しく対応する指導も大切です。常に本気で本音で真剣に向き合ってあげることによって、その気持ちは必ず子どもたちに伝わり理解し合うことができます。

そして強い信頼関係を築いていくことにつながります。

教師として、教育活動を展開していくには、保護者との信頼関係も必要不可欠です。子どもたちのために、将来の社会的自立、社会参加を見据えた指導や支援にご理解をいただけるように、情報発信と謙虚な関わり方がとても大切になります。信頼関係の築き方にマニュアルがあるわけではありませんが、目の前の子どもたちへの熱い思いは、必ず保護者の方々に伝わります。

強い信念と意思を持って保護者や地域の方々とも信頼関係を築いていってほしいです。子どもたちや保護者と信頼関係を築けたと感じた瞬間は、教師として非常に前向きな気持ちになり励みになり、やりがいを強く感じます。

ぜひ多くの教師の方々に、子どもや保護者と強固な信頼関係を築き、より良い教育活動を展開していってほしいです。

◆様々な学校行事で

子どもたちは、学校での行事が良くも悪くも思い出になります。学校行事は、子どもたちが大きく成長できるきっかけにもなります。

中学校では、旅行宿泊的行事の修学旅行、林間学校や高原学校、校外宿泊学習などがあります。体育的行事では、体育大会やマラソン大会、球技大会等があります。文化的行事では、文化祭や合唱コンクール、学習発表会等があります。

修学旅行を含めた宿泊学習では、自分の身の回りのことをは

じめ、持ち物や衣服の管理を行ったり、寝具の準備や片付けを自分で行います。家族に頼ることができないため、自分自身で身の回りのことを行うことを学ぶことができます。

また、多くの学校の宿泊学習や旅行的学習では、少人数のグループで行動する班別行動が多く用いられます。そのため、仲間とのコミュニケーション能力、互いに尊重し合いながら、仲間と協力することを学ぶことができます。

体育的行事や文化的行事では、同じ目標に向かって仲間と練習したり努力したりすること、仲間と切磋琢磨する楽しさや勝つ喜び、負ける悔しさ等も経験したりすることができます。

このように学校行事での体験を通して、子どもたちは社会で必要とされる様々な力を身に付けることができるのです。

教師は、このような子どもたちが大きく成長する場面に立ち会うことができる職業です。

そして、何より子どもたちと一緒にこのような体験を自分の学生時代とは別に経験できるのです。子どもたちと共に、青春を何度も味わえるのも教師の魅力の一つだと思っています。

◆修学旅行や校外学習

子どもたちにとって、必ずといって良いほど思い出に残る修学旅行や校外学習に引率できることは、教師にとっても大きな思い出になります。計画立案や業者との打ち合わせ、各種申請や報告書の作成・提出、授業も含めた準備は大変です。

しかし、子どもたちの笑顔を考えながら修学旅行や校外学習に向けた仕事に取り組むことによって、その苦労も前向きに考えることができるのです。

今の小学校や中学校の修学旅行や校外学習は、テーマ設定からの課題解決的な学習と組み合わせながら班別活動を行う形態の学校が多くみられます。生徒たちがテーマをしっかりと設定できる旅行先を設定したり、

事故やトラブルなく安全に宿泊できる宿を検討したりと様々な準備が必要となります。

子どもたちが喜ぶ顔や笑顔を考えると、前向きに仕事を進めることができます。

また、それぞれの班の生徒と一緒になって、様々なコースや活動内容を一緒に考えていくことに楽しさや喜びを感じることができると思います。子どもたちが「わくわく」する様子や「笑顔」を間近で見られるのも、教師の大きな魅力の一つだと思います。

◆林間学校や高原学校

前橋市内の中学校では、ほとんどの学校で中学一年生の時に林間学校（高原学校）へ行きます。赤城山にある赤城青少年自然の家を利用することが多いのですが、規模の大きい学校は群馬県が管理している榛名高原学校に行くこともあります。

林間学校では、登山、カッター訓練、ウォークラリー、キャンプファイアー等を行います。登山は全員が自分の脚で登れるような比較的登りやすい山を選び、往復二時間程度行います。カッター訓練は湖で、クラスごとに一舟ずつに乗り込み、全員で協力しながら、船を漕ぐ練習をします。最初はなかなか上手くいかず、時には座礁してしまうこともありますが、みんなで協力し一定のリズムに合わせてオールで水面を漕ぎ、船が勢いよく進んだ時の子どもたちの満足気な表情は今でも忘れられません。新緑や紅葉の中、湖の上を船で進むのは、本当に爽快な気分になれます。慣れてくると、他のクラスの船と競争を楽しむこともあります。クラスの仲間との連帯感が生まれ、仲間と協力することの大切さを実体験できるのです。

　教師として、そのような場面にいて、子どもたちと同じような気持ちを分かち合えることも、教師の魅力の一つだと思います。

◆給食

　公立の小学校や中学校は、必ずと言っていいほど給食があります。給食は、子どもたちにとって楽しみな時間の一つでもあり、みんなで楽しく過ごせる団欒の時間ともなります。メニューもバラエティーに富んでいて、定番のハンバーグやうどん、スパゲティはもちろんのこと、やきそばとパンなどおもしろい組み合わせの時もあります。

市町村によって、センター方式や自校式等給食の供給方式も様々ですが、保温機能も高くなってきているため、どの学校でも比較的温かい給食を食べることができます。成長著しい小中学校の子どもたちにとって、大事な食生活の一端を担っています。

ただし、育ち盛りな子どもたち用のメニューなので大人にとってはカロリー多めなため、太ってしまうこともあるので、要注意でもありますが…。我が家では妻が働きはじめてから、夕食作りを担当することになった私にとっては、給食メニューが献立の参考にもなりました。

給食は、子どもたちにとって、とても偉大な存在です。毎日、子どもたちと楽しく団欒をしながら、栄養のバランスのとれた給食を一緒に食べることができるのも、魅力の一つとも言えるかもしれません。

◆長期休業

世間一般的に多くの方が誤解している節がありますが、長期休業中だからといって、教師に仕事がないわけではありませんし、教師の休みでもありません。ただ、現場にいる教師としては、毎日子どもたちが目の前にいるわけではないので、緊張感は和らぎ、比較的気持ちが楽になる時期であるのは事実です。

小学校では、通常毎日朝八時半頃から十六時三十分頃まで、中学校では同じく朝八時頃から部活動が終了する十八時過ぎまで子どもたちが学校にいます。いつ何が起きてもおかしくないのが日常で、常に迅速な対応が求められます。正直、子どもが学校にいる時間はどの教師もトイレに行く時間も取れない時もあり、気が休まる時間がほとんどありません。

そのため、夏休み、冬休みの期間中は比較的気が楽に感じるというわけです。普段、担任としての仕事や授業があると、なかなか時間を取ることが難しい教材研究や指導力向上のための研修も受けることができます。平日の休暇も長期休業中ならば、取ることもできます。小学校での陸上や水泳のクラブ活動指導や中学校での部活動指導、研修等の合間にですが。

上手く長期休業を活用して、自分や家族との時間を大切にしていってほしいと思います。長期休業を上手く自分自身のために生かせるのも教師の魅力の一つだと思います。

◆卒業式

卒業式という目の前の子どもたちの大きな節目に立ち会えることも教師の魅力の一つだと思います。私にとって卒業式当日は、いつも子どもたちと過ごした日々が走馬灯の如く心の中を巡りました。

中学校の卒業式は、三年間の教育の集大成の日でもあります。儀式的行事として、厳粛な雰囲気の中、卒業式は進められます。担任をしていた時は、一人一人の名前を読み上げ、卒業証書を受け取る姿を見ていると、溢れ出る涙を抑えるのが精一杯でした。

担当年数や所属学年に関係なく、子どもたちと

共に笑い、喜び、楽しみ、つらく苦しい日々も、共に乗り越えてきた日々が思い出されると涙が止まりません。

本気でぶつかり合い、お互いに魂が揺さぶられるような付き合いをしてきた子どもたちの卒業式だからです。そして、保護者の気持ちや思いも私は重ねて感じることが多かったです。

私も親として、三人の娘を育てた経験があるため、最近は私も卒業式で、保護者としての感情も感じ、涙もろくなってしまいます。

両親が今日の日を迎えられたことに対して、本当に尊敬の念を抱きます。子どもを育てることは本当に大変なことですが、とても素晴らしいことです。

卒業式の時に子どもたちからいただいた「真論語」は宝物の一つです。どんなときでもやる気をいただけます。心に火がつきます。歯を食いしば

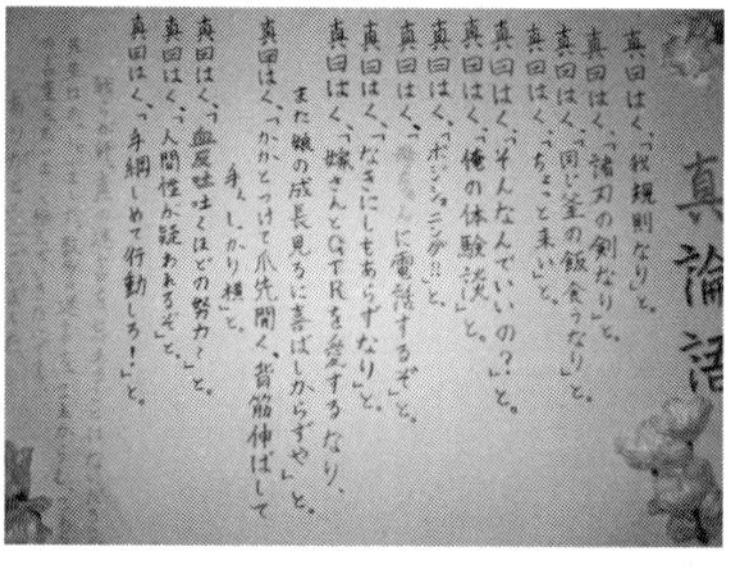

真論語
真田はく、「校規則なり」と。
真田はく、「諸刃の剣なり」と。
真田はく、「同じ釜の飯食うなり」と。
真田はく、「ちょっと来い」と。
真田はく、「そんなんでいいの？」と。
真田はく、「俺の体験談」と。
真田はく、「ポジショニング!!」と。
真田はく、「[illegible]に電話するぞ」と。
真田はく、「なきにしもあらずなり」と。
真田はく、「嫁さんとGTRを愛するなり、また娘の成長見るに喜ばしからずや」と。
真田はく、「かかとつけて爪先開く、背筋伸ばして手をしっかり横」と。
真田はく、「血反吐吐くほどの努力」と。
真田はく、「人間性が疑われるぞ」と。
真田はく、「手綱しめて行動しろ！」と。

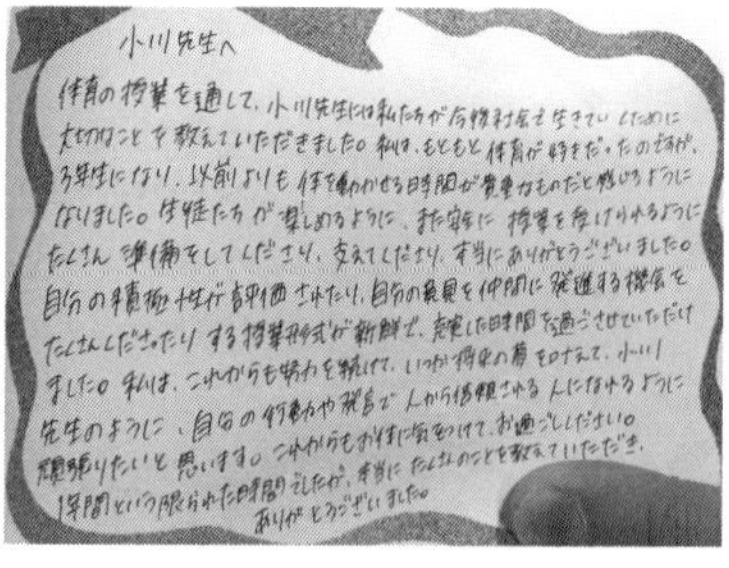

小川先生へ
体育の授業を通して、小川先生には私たちが今後社会で生きていくために大切なことを教えていただきました。私は、もともと体育が好きだったのですが、3年生になり、以前よりも体を動かせる時間が貴重なものだと感じるようになりました。生徒たちが楽しめるように、また安全に授業を受けられるようにたくさん準備をしてくださり、支えてくださり、本当にありがとうございました。自分の積極性が評価されたり、自分の意見を仲間に発進する機会をたくさんくださったりする授業形式が新鮮で、充実した時間を過ごさせていただきました。私は、これからも努力を続けて、いつか将来の夢を叶えて、小川先生のように、自分の行動や発言で人から信頼される人になれるように頑張りたいと思います。これからもお体に気をつけて、お過ごしください。1年間という限られた時間でしたが、本当にたくさんのことを教えていただき、ありがとうございました。

れます。

子どもたちや保護者の方々と真の感動を分かち合うことができる卒業式に立ち会えることも教師の魅力の一つだと思います。

◆卒業後に

教師であった私にとって、教え子たちとの時間は、かけがえのない充実した時間です。教師としてのやりがいや生きがいを一番実感できる時間でもあります。

私自身が教え子におもてなしをすることを妻は理解してくれていて、多くの教え子たちが自宅に遊びに来たり、ご飯を食べに来たりしています。買い出しから掃除、料理や準備、後片付けを私自身が行います。妻や娘も手伝ってくれることもあり、感謝しています。

私はお酒を飲めないことを多くの教え子たちが知っているのですが、あえてお酒を持ってきて妻に気を遣ってくれる教え子もいます。

卒業生が成人の日の前後に行われる同窓会に招待してくれ、教え子たちの成長を見ることができることも教師としての生きがいややりがいを強く感じる場面でもあります。

子どもたちが、自己の進路を実現したり、社会で活躍したりしている様子を身近に感じられる時、教師をしていてよかったと強く感じます。

卒業後に、「宝物」である教え子に会えることも教師の魅力の一つだと思っています。

第二章　教師として

◆心がけていくべきこと

私の経験から、自分勝手な考えを述べさせていただきます。

まず教師として最優先されるべきものは、目の前の子どもたちのことです。教師は子どもたちのために、勤務時間内は最善を尽くすことがその責務であると思います。子どもたちの安全をしっかり確保し、安心しながら子どもたちの居場所をつくってあげることが学校に求められていることであり、その最前線で子どもたちと向き合うのが教師であります。

その教師には、心がけておかなくてはいけないことがいくつかあります。

大切な子どもたちを各家庭から預かっているということをしっかりと自覚し、子どもたちの命と安全を守ることがとても重要です。そして、子どもたちと接するときには、子どもたちの将来のことを常に考えて、私がこの子の親だったらという視点をしっかりと持って接していくことが大切です。

　また、子どもたち一人一人は生まれ育った環境が違います。恵まれているお子さんもいれば、残念ながら、そうとも言えないお子さんもいます。そのため、子どもたちが抱えている心の闇や歪みは、小学校や中学校時代に現れることが多いです。

　そういった心の闇を見逃さず、必要に応じて子どもたちの養育歴をたどり、幼少期の生い立ちも視野に入れながら指導や接し方を考えていくことも大切です。

　子どもとの信頼関係を築ければ、これに勝るものはありません。

　目の前の子どもたちを大切に、信頼関係を築き、教師としての役割を果たした時、とてつもない達成感を感じることができるのも教師の魅力の一つだと思います。

小川　真太郎さん

第28期生 / 平成4年度卒 / 前橋三中出身

経歴

群馬大学教育学部保健体育専攻を卒業後、平成10年より群馬県立榛名養護学校中学部、群馬大学教育学部附属中学校に勤務し、平成22年より前橋市立箱田中学校で保健体育、柔道部顧問を担当。平成11年度から群馬県柔道連盟事務局、平成15年度から前橋市中学校体育連盟柔道部強化委員長として地元群馬の柔道の普及発展にも努めている。

中学校教諭

文武両道を実践し、夢を現実にするための教育環境に感謝

前橋育英は文武両道が実践できる学校です。私自身、柔道団体戦のメンバーとして県高校総体で優勝できたのも、また、体育教師としての現在があるのも前橋育英のおかげだと思っています。そんな高校時代の強い思い出は、病に倒れた父に「群馬大学教育学部へ現役で合格し群馬で教員になる」と誓った時のこと。勉強と柔道の両立は何度も挫折しそうになりましたが、前橋育英の先生方や仲間、家族の支えにより現役で合格することができました。高校時代のこのような経験から、学力だけではなく、物事を成し遂げるための強い信念や姿勢・態度、そして実行力を身に付けることができたと思います。目標を実現し教員となった今、師と仰ぐ先生方から教えて頂いた「プロの教師として児童生徒たちのために常に全力を尽くす。」という教師魂を、自らの行動で仲間に伝え、同じ志や信念を共有しながら頑張って行きたいです。みなさんも、将来、自分がしたいと思う仕事を高校在学中に見定め、その職業に就くための進路にしっかりと見通しを持って下さい。夢は、強い意志を持ち諦めずに努力を重ねていくことで必ず実現できます。

◆教師の役目

子どもたちの「心」を育み、社会的自立、社会参加に向けて、社会に適応した生活が送れるように、集団の中での生き方を身に付けさせてあげるのが、教師の最大の役目だとも思います。

昨今、社会に適応できず、痛ましい犯罪や事故を起こしてしまう人たちもいます。物事の良し悪しの判断をしっかりすることができず、取り返しのつかないことを起こしてしまい、それまでの努力や苦労を水の泡にしてしまう人もいます。どんな環境で育っていても、しっかりとした心や正義感を持っていれば、誰かが認めてくれ幸せな人生を送ることができると信じて生きていくことが大切だと思います。

仲間や組織での生活の中で「自分に言われた嫌なことは言わない」「自分がされて嫌なことはしない」等を学校生活でしっかりと身に付けていくことで、よりよい社会を築いていけるのです。周りに流されず、しっかりした意思を持って社会に適応していく姿勢、態度を身に付けることは、義務教育においてとても大切なことだと思っています。

子どもたちより先に生を受け、生きている人間として、自らが見本手本となり、社会で生きている姿をしっかりと示してあげることが教師の役目の一つだと思っています。

◆スポーツの力を

スポーツは、私たち人間に様々な効果を与えてくれます。健康を保持増進していくために、スポーツを行い体力を高めたり運動量を確保したりすることは大切です。余暇活動としては、スポーツをする楽しさや喜びを感じ、達成感や満足感を味わうことができます。

スポーツを通して、人との関わりを持つことによって、仲間との連帯感を味わったり、仲間と様々な感情を分かち合ったりすることができます。このようなスポーツは、私たちの人生を健康的で豊かなものにしてくれます。

教師は、学校生活において体育・保健体育の授業や体育的行事を通じて、スポーツの力を活用することができるのです。スポーツの魅力や効果を教育手段の一つとして活用することができるのです。

スポーツの力を自分たちの人生に生かすことができるように、目の前の子どもたちに伝えることができるのも教師の魅力の一つだと思っています。

◆中学校の部活動で

中学校の部活動で我々日本人は、様々なことを学んできました。

中学校の部活動は、あくまでも子どもたちの将来の社会的自立、社会参加に向けた教育手段の一つです。その教育効果は、とても素晴らしいものがあると私は思っています。

多くの子どもたちは、部活動で人間社会での生き方を学びます。授業や教室では学べない実体験を通して「心」や「魂」を揺さぶられながら、より多くのことを学び身に付けていきます。挨拶や返事といった礼儀からはじまり、集合時間を守ることや準備後片付け、仲間と協力する大切さや達成感、満足感を経験するなどその教育的効果は計り知れません。

中学校の部活動は勝利至上主義ではありません。

今、部活動が地域移行しようとしていますが、今までの子どもたちが身に付けた様々なことが果たして継続されていけるのでしょうか。子どもたちと共に汗を流し、目標を達成する部活動の指導に、魅力や価値を感じている先生方もいます。今まで学校教育の中で部活動から得られていたより多くの教育効果を継続して実施していけるように私たち大人がもう一度部活動のあり方を考えていく必要があると思います。

そして、多くの先生方に、教師として部活動の教育効果や指導そのものにも魅力を感じ、教育手段の一つとして実践していってもらえるようになってほしいと思います。

◆教師を目指している皆様へ

多くの子どもたちは、教師と話をするのが大好きです。教師と話す時間を求めています。教師との時間をとても楽しみにしているのです。

現在の文部科学省が学校について定めた四十人定員の学級では、児童生徒の要望に十分に応えることができない現状もあります。

しかし、子どもたちは教師と話をすることによって、大きく成長できるのです。

子どもたちにとって、教師の影響力は計り知れないものがあると思います。これからの社会を担う子どもたちを育てる教師の役割はとても重要であり、私たち大人の責任でもあります。

教師が置かれている状況は、現在厳しいです。しかし、今まで自分自身が学んできたことや経験してきたことに自信と誇りを持って子どもたちとの時間を大切にしていってほしいと思います。

これからの社会を教師が支えているという大義に、自分自身を大切にしながら取り組んでいただければ幸いです。

いつも、いつでも、いつまでも教師を目指している方々を心より応援しています。

第三章　実践例

教師として、私自身が教育現場で実践してきたことを具体的に書かせていただきます。

◆学級担任

①子どもたちの表情の確認

私は担任時、生徒の様子を常に気にしていました。一人一人の表情の確認を丁寧に行うよう心がけていました。

中学校の担任の先生は、自分の授業以外、朝の短学活、給食指導、帰りの短学活しか担当するクラスの生徒と接する時間がありません。そのため、接する時間は一人でも多くの生徒の表情をうかがい、様子によって声かけをすることを心がけていました。

声をかけられた生徒は、必ずしも詳細を答えてくれるわけではありませんでしたが、こちら側が常に、子ども本人のことを気にかけている、心配しているという姿勢は伝えることができていたと思います。

生徒に寄り添うという具体的な一つの手段であると私は思って常に表情の確認に心を配りました。

②生活記録ノートの確認

中学校では、生徒に毎日生活記録ノートなどを提出させていることが多いです。ここ最近では、個人に貸与されているタブレットのソフトに入力し、それを教員が確認するというシステムもあるようです。

私が勤務していた中学校では、自筆の生活記録ノートを使用していました。次の日の予定や持ち物を記録したり、一日の様子や感想を書いてもらい、提出させ、それを担任が目を通して確認し、返事を書くのです。

正直なところ、私自身は保健体育という教科の特性や、持ち授業時数の関係から、生活記録ノートに目を通して確認印を押すのが精一杯でしたが、気になったこと、悩みなどを必ず書くように子どもたちにお願いしてきました。

このような生活記録ノートのやりとりで、子どもたちとの信頼関係を強固にすることができるだけでなく、子どもたちの情報収集をすることもでき、未然に防げる生徒指導案件もあるのです。

担任として、生活記録ノートへの対応はできるだけ丁寧にしっかりとしていくことが大切です。

③保護者に対して

子どもたちにとっての最大の教育者は両親をはじめとした保護者です。

そして、家族を支え、家庭で一緒に生活する一番身近な年上の方でもあります。

したがって家族の方々と協力しながら子どもたちと接していくことは、教師にとってもとても大切で重要なことです。

私が特別支援学校時代に、ボタンのかけ方について、学校は上からすることを教えるのに、家庭は下からと教えていたら、子どもはなかなかボタンのかけ方を身に付けることができないという事例を教えてもらいました。

また、両親は、もし自分たちに何かあったときに、残された子どもが自分なりに充実した生活を送れていれば、安心して先に死を迎えることができると、保護者の方から教えられたこともありました。

私たち教師は、直接子どもたちに接し、関われる時間が一年単位であったり、在校期間単位であったりと限られていますが、ご両親は子どもが生まれてから、自分が亡くなるまで関わっていきます。

特別支援学校では、毎日両親と連絡を取り合い情報交換を行っていました。

義務教育では、すべての生徒の家庭と毎日情報交換を行うことは難しいと思いますが、何かあればすぐ学校へご連絡いただくことを伝え、寄せられた情報にも、真摯に速やかに対応していくことが大切だと思います。

また、本人や家庭の思いや考えも尊重し、寄り添いながらできる限りのことをしていくことも大切だと思っています。

④学校になかなか登校できない子どもに対して

近年、不登校傾向の子どもが本当に多くなっています。

私が最後に勤めた中学校でも、クラスに二〜三人はそのような子どもたちがいました。原因は様々ではありますが、学校側としては、担任の先生からこまめに連絡をとっていくことが大切です。

家庭環境が複雑でなかなか連絡が取れなかったり、担任が家庭に足を運んでも会うことすらできないケースもたくさんあります。

しかし、大切なのは学校に来られない子どもに対しても、こまめに連絡を取ることです。生徒が心を開き、保護者もなるべく学校へ登校させてあげなくてはという意識を高めていくことが、解決の一つの方法とも言えます。なかなか登校できない子どもたちを、通り一辺倒には解決することは難しいと思いますが、子どもが学校へ足を運ぶ芽を植え付けることができるかもしれません。

担任の先生の仕事が増えることかもしれませんが、なかなか学校に足を運べない子どものご家庭にも、まめに連絡を取ることが、先生方の大切な仕事の一つだと私は思っています。

⑤子どもたちに対する思いや願いの愛情表現を欠かさずに

現在の子どもたちは、それぞれの家庭で人とコミュニケーションをとることが平均的に少なくなってきていると思います。

ご両親が仕事の関係で延長保育を利用したり学童での生活時間が長くなったりして家族で過ごす時間は三十年、五十年前に比べ明らかに少なくなってきています。愛情表現やスキンシップが十分に満たされずに中学生になっている子どももいます。

家族の代わりはとても担えませんが、常に心配し、大事に思ってくれている人が周りにいるということだけで、人は明るく前向きに生活していくことができると思います。そのため、教師が担当する子どもたちに、平等に愛情や自分の思いや願いを伝えていくことが大切です。その愛情や思いや願いは必ず伝わり、より良い信頼関係を築くことができます。

ぜひ、そのような言葉掛けや行動もしっかりと心がけ、実践しながら子どもたちと関わり合っていってほしいです。

◆学年主任

学年主任として、私の中で心がけていたことを次に示します。

①学年をチームとして

学年主任として、学年の先生方の「和」や「絆」を大切にして仕事を進めていきたいと思っていました。

そのために私は、まず言葉遣いに気をつけました。上からの命令口調にならないように、必ず先生方を「○○先生」「○○さん」と呼ぶようにしました。

また、お願いする時も「申し訳ありませんが～」の言葉から始め、終わった後には必ず「ありがとうございました」とお礼の言葉を忘れずに言うことを心がけていました。

それぞれの権利と役割を尊重しながら、仕事に取り組めるように気遣いを常に行うようにしていました。

②見通しを持てるように

学年の先生方が見通しを持って仕事を進めることができるように、具体的な方向性をあらかじめ伝えたり、資料を作成したり、事前準備に対しても率先して取り組むようにしたりすることを心がけていました。

学年黒板を用いて、学年の先生方一人一人がしっかりと情報を共有できるようにするとともに、うっかり忘れをしないようにお互いに前向きに声をかけ合えるような環境を整えるようにしました。

また、学年会の資料にしっかりと時期や具体的な内容を示唆し、学年の先生方が共通理解を図りながらみんなで準備を進めていくことが大切だと思っていました。

③負担が掛かりすぎないように

生徒指導等でも、保護者へ深刻な内容の対応案件等を伝えるには、担任の先生方の経験値や年齢によって共に考えたり、代わりに対応したりと担任の先生方の負担をなるべく減らせるよう心がけていました。

新型コロナウイルス感染症等の影響で、学校に来られない先生方がいた時などには、自習監督の先生を複数あてがい、交代で空き時間を上手く活用することができるように心がけていました。

学期末処理に対しては、学年会の資料で誰がいつまでに何をするという細かいスケジュールを立てて知らせ、担任の先生たちが、時間的にゆとりを持って成績処理等に取り組めるようにしました。

④意欲を持ちながら仕事ができるように

大きな行事を終えた時には、担当の先生の労をねぎらう言葉をかけるとともに、できる限り食事会等を催し、やり遂げた先生が次への意欲を持てるようにしました。

また、二者面談や三者面談期間のお茶菓子なども、担任の先生たちがそれが楽しみで前向きに面談に取り組めるように喜んでもらえるようなものを用意するよう心がけました。

その他、学年主任自らが率先して動き、学年集金の時などは、各クラスを回り集まった集金を集金当番の保護者の方々へ自ら届けるようにしました。

学年で起きた生徒指導案件等は、対応も含めて、管理職に連絡・報告・相談を常に心がけ、責任を共有しながら組織としてしっかりとした対応ができるようにしていました。

職場では必ずしも良いことばかりではありませんが、気持ちよく仕事ができるように、自分自身の立ち居振る舞いや言動を常に心がけていました。

◆研修主任

南橋中学校で三年間、担任をしながら研修主任をしました。

研修主任の主な役割は、校内研修を円滑に進めること、教育委員会の指導主事訪問等を企画準備運営することでした。また、全国学力テストに関わる事務手続きや事務処理、年度当初に共通理解を図る各公務分掌の引き継ぎをまとめた資料の作成も行っていました。

研修主任として心がけていたことは、各先生方への書類作成や事務的な負担を最小限にしながらも得るものを多くし、限られた時間の中で効率的に研修を進めてるということです。

月に一回計画されている校内研修の時間は、勤務時間内に終了できるように、毎週木曜日の四校時に行われる校内研修推進委員会で、研修内容や進め方をしっかりと検討し、実施できるように準備しました。毎年、一年間の研究を紙面でしっかりとまとめ、自分たちが校内研修で実施してきたことが明確に理解できるようにしました。

研修主任一年目は、三年生四十人の担任に加え、群馬県中学校保健体育研究会の理事長兼事務局長として、県教育研究会の事務局仕事を一人で行いました。肉体的にも精神的にも極限状態で仕事をしていた記憶があります。

私のように二足や三足のわらじを履くような経験を、他の先生方に絶対させてはいけないと思っています。

◆生徒指導主事

附属中学校七年目、八年目と生徒指導を担当しました。

前年度に　年生を担任していたため、学年を持ち上げたいという気持ちが非常に強かったのですが、当時の副校長先生に、「生徒指導主事として学校の全生徒の担任を」と言われました。

生徒指導主事になる以前から、横道にそれ気味だった子どもたちの対応をすることが多かったため、ある意味、私に適している仕事であるとも思っていましたので、前向きに捉え引き受けました。

生徒指導は、子どものために必ず組織で対応することが大原則です。そして管理職に報告・連絡・相談をしっかりと行うことが大切です。

私が心がけていたことは次の通りです。

・素早くできる限り情報収集を行い、迅速に対応する。
・管理職、関係機関への報告・連絡・相談を確実に行いながら組織として対応する。
・子どもたちのことを第一に考え、安全に対応を進める。
・保護者としっかり連携し、相互理解に努め信頼関係を深めながら対応していく。
・家庭環境や養育歴も確認しながら、親身になって対応を進めていく。

学校や地域、人それぞれの考え方等があると思いますが、このようなことを心がけて対応を進めれば、より良い方向に解決していくことができるのです。

教師として、過去に対応した多種多様な生徒指導案件をこの本に書くことはできませんが、学校教育現場には様々な生徒指導案件があります。一人一人の生徒が、様々な課題を解決しながら学校生活をしていくことで、社会で必要とされる能力が身に付いていくと思います。

子どもたちの将来を見据え、社会に適応できるように学校生活で学び、社会に羽ばたいていってほしいと思いながら生徒指導担当としての仕事に取り組んでいました。

◆部活動の顧問として

私が教師を目指した理由として、柔道部の部活動顧問をしながら、社会で通用する人を育てたいということがありました。

また、勝つことの素晴らしさや頑張って練習に励むことで、結果を導き出せるということを経験させてあげたいという思いもありました。

そんな時、臨時教員として勤めていた小学校の教え子たちが、地域のスポーツ少年団に入り柔道を始めました。彼らが中学生になる時に私も中学校柔道部の外部コーチとして関わりました。

その時は、関東大会や全国大会に出場させてあげたいという思いから、かなり厳しい練習をさせたことを覚えています。自分自身も二十代でバリバリに柔道を行えたため、自分自身が練習台となって、子どもたちと厳しい練習に取り組みました。中学校の顧問の先生や地域の指導者の方々と協力して関東大会や全国大会に出場し、関東大会でも入賞する子どもたちを育てることもできました。どうやれば、試合に勝って、結果を残すことができるのか、私なりの指導方法を見出すことができました。

附属中学校に赴任し柔道部を持たせていただき、身体能力の高い子どもたちが集まってくれました。結果を出させてあげたいと、がむしゃらに部活動の指導をしました。

校内の先生からは、附属中学校は部活動の指導に力を入れる学校ではないと言われたこともありました。しかし、目の前の子どもたちが、頑張り、勝利する姿に、やりがいを強く感じました。決められた時間やルールの中で、子どもたちと全力で部活動に取り組み、結果を出すということに大きな価値を見出していました。

箱田中学校で部活動に対する私の考えが少し変わりました。

柔道部はなかったのですが、先生方のご厚意により、子どもたちが集まるのならば柔道部をやってみてはというお話をいただきました。運良く、十人以上の子どもが集まってくれ、柔道部として活動することが許されました。しかし、集まってくれた子どもたちの中には私生活に課題を持っている子もいました。そのため、社会の中での組織や集団内での生き方を学ばせてあげなくてはという思いがより強くなりました。

厳しい練習に取り組むと、部活を休みがちになってしまう子どももいました。そうした子どもたちを通して、子どもたちの居場所として、部員全員がしっかり集えるような場所でなくてはならないと思うようにもなりました。

子どもたちの思いや考えを尊重しながら、社会人として必要なことを、部活動を通して学ぶことができるようになればと思い、現在も子どもたちの実態に沿った部活動の指導を心がけています。

部活動で仲間といる楽しさや喜びを味わえるように心がけました。そして、中学校での大きな思い出の一つとなるようにとも。

時に、勝利至上主義に陥ったり、校内での部活動のルールを逸脱したりすることも見受けられますが、部活動は、子どもたちが仲間との居場所として、社会での生き方を学び身に付けることができる教育手段の一つでなくてはならないと思います。

◆進路講演会

私は、目の前の子どもたちのために、ＰＴＡと連携したり、中学校での総合的な学習の中で、講師を招いた進路講演会を企画してきました。

箱田中学校では、ＰＴＡと連携しながら、群馬県内の企業の社長や、日本を代表する自動車メーカーの元開発責任者に講師をお願いして行ったこともありました。

群馬県内を中心とした自動車ディーラーを展開している企業の社長であり

モデルの清水さん　仕事への姿勢助言

南橋中で進路講話

生徒に歩き方を教える清水さん(右)

【前橋】前橋南橋中（福田博之校長）は、前橋市の同校で外部講師を招いた進路講話を開いた。1年生約210人が仕事への向き合い方を学んだ。

同市出身のモデルで「2020ミス・スプラショナル日本大会」グランプリの清水絵未里さん(31)が講師を務めた。

事前に生徒から寄せられた質問に一問一答形式で回答。「自分に合う職業を見つけるには」の問いには「興味を持ったものを調べることから始めて」と助言した。希望する生徒にランウエーでの歩き方も指導した。

島佳世子さん(13)は「諦めず努力する姿勢や継続することの大切さなど今後の人生の参考になった」と話していた。（湯沢宏志）

2023年（令和５年）２月27日
上毛新聞より

ながら、全国自動車販売連合会の会長をされたり、「ガイアの夜明け」というＴＶ番組にご出演されたりしている社長様から、「明るく前向きに運がある人が好き」という演題で、たくさんのお話をしていただきました。

ディズニーランドのお客様に対するおもてなしに関すること、会社が求める人材について、企業のトップとしての責任についてなどのお話を伺うことができました。

子どもたちは普段接することのできない講師の先生のお話に、いつにも増した真剣な眼差しでお話を聞いていました。子どもたちも、自分たちが知っているＴＶ番組に出演されたりしている方が目の前で話してくださる姿に釘付けでした。

南橘中学校では、私が学年主任をしていた一年生対象に、群馬県出身で世界柔道選手権で銀メダルに輝いたトップアスリート、同じく群馬県出身で「ミス・スプラナショナル日本大会」で優勝したモデルさんに来てもらって進路講演会を行いました。子どもたちの代表がインタビューを行いながら、講師の方々にお話をしていただく形式をとり、子どもたちは食い入るような眼差しで、講師の話を聞いていました。

中学校における進路講演会は、生徒たちの夢や希望を大きく膨らますことができるものです。

そのような場面を教師として、目の前の子どもたちにぜひ与えてあげていただければと思います。

◆前例のなかった校外宿泊学習

新型コロナの影響で、学校行事もしばらくの間行うことができませんでした。学校自体も休校になり、再開となっても、感染予防対策を徹底的に講じなければいけなかったため、多くの子どもたちの思い出となる学校行事はことごとく中止となりました。

私が初めて学年主任となった学年は、新型コロナの影響で小学校の時の宿泊行事を一つも行うことができず、中学校に入学してきました。中学校では例年、一年生で林間学校、三年生で修学旅行と二回宿泊的行事が実施されていました。

感染も収束に向かっていたので、例年通り宿泊での林間学校を予定していたのですが、宿泊先の収容人数よりも学年の生徒の人数の方が多く、宿泊として実施する場合、学年を二つに分けて前半と後半に分けて実施する

こととなりました。

そのため、様々なことを含めて林間学校を日帰りで実施することとなりました。

小学校の時に加えて、中学一年時でも宿泊行事ができなかったため、三年生の修学旅行前に体験させてあげる必要があるという思いがありました。

例年二年生では東京郊外学習を日帰りで行っていたのですが、公共交通機関で密になることを避けるため、東京以外での班別行動学習を行える場所を検討していました。長野の松本市や、栃木の日光市などは候補に挙がりましたが、小学校六年生の修学旅行で日光に日帰り旅行に行っているため、できれば異なった場所をということで、小学校の時に行けなかった鎌倉市が候補に上がりました。

日帰りで一回計画したのですが、交通渋滞によっては、班別行動の時間がかなり短くなってしまうことも予想されました。校長先生に相談したところ、宿泊も検討してみて良いのではないかというアドバイスをいただき、再度計画を練り直し運営委員会で提案させていただきました。運営委員会では異論もありましたが、何より宿泊の経験をしたことのない子どもたちのためにということでご理解をいただき了承していただきました。

南橋中学校では、前例のない行事だったので、学年の先生方にはご負担をおかけしました。

しかし、主担当をしてくれた先生が、下見から実施計画の立案まで本当によく準備をしてくれました。おかげでしっかりとした事前学習も行え、当日を迎えることができました。

日が近づくにつれ、子どもたちも「ワクワク」「ドキドキ」が高まっていたように思います。

子どもたちにとっても、何より初めての宿泊学習のため、ルールを破って自分のスマートフォンを持っていくかいかないかを悩む子どももいたようです。そのため、事前指導や学年通信などで、ルールやマナーを守ることの大切さやルールやマナーを守る姿勢や態度が社会で必要とされていることなどを丁寧に説明しました。

そして、子どもたちのルールを守る姿勢や態度をはぐくみました。自分たちがしっかりとした姿勢や態度で取り組めるということに自信と誇りを持って楽しんできてほしいということを何回も伝えました。

二日間、ある程度の緊張感を保ちながらも、子どもたちの笑顔あふれる様子を見ることで、私たち教員もこれまでの苦労を喜びに変えることができたと思います。

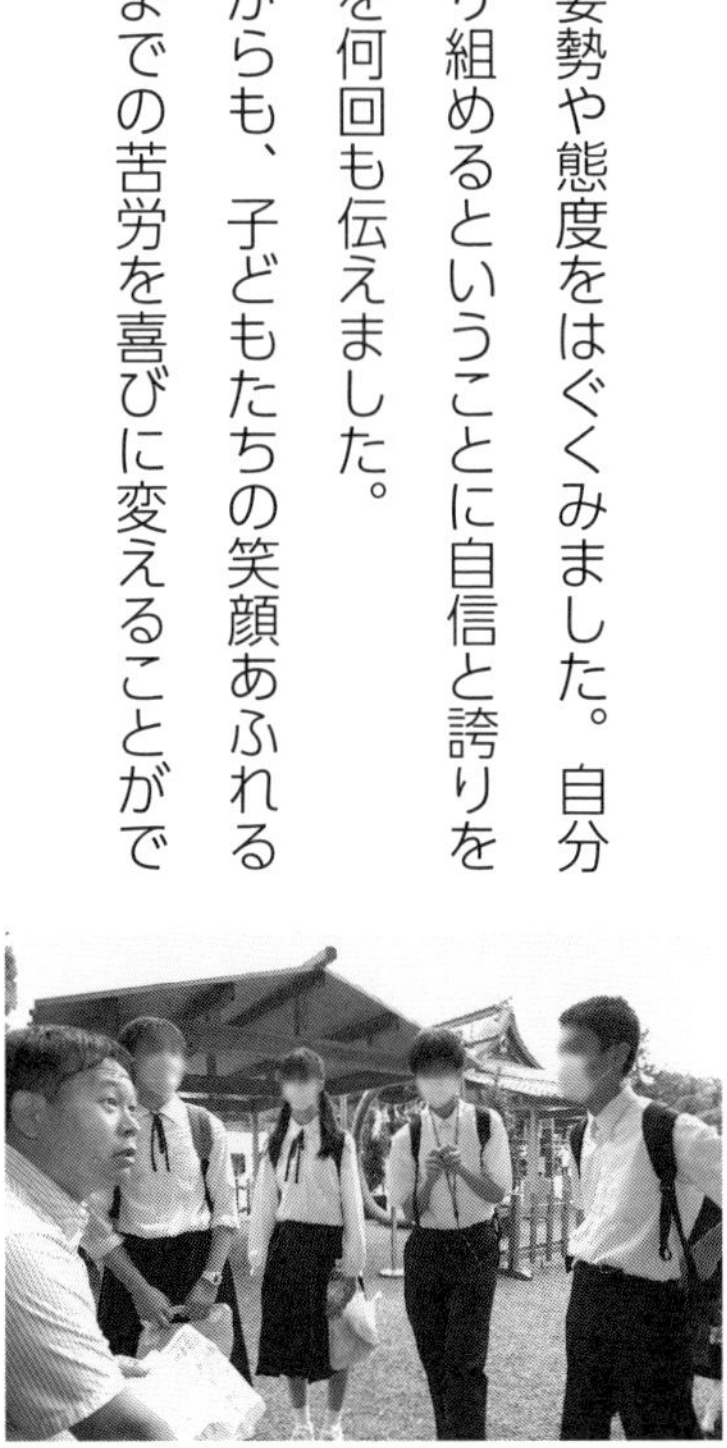

いくつか緊急対応案件もありました。

夕食、山下公園散策の後、一人の生徒が体調を崩してしまったため、管理職と養護教諭の判断で病院受診の方向で、旅行業者や横浜で医師をしている群大柔道部の後輩に連絡を取り、教えていただいた病院に救急搬送することとしました。群馬にいる保護者とも連絡を取り合いながら、病院に搬送しました。大事に至ることなく、診察後ホテルに戻ることができ、翌日の横浜での班別行動学習も元気に参加することができました。

また、横浜での班別行動で財布を落としてしまった生徒がいたのですが、生徒たち自ら交番に行き手続きをすることができ、横浜を出発する時間までに警察から落としてしまった財布を本人たちが受け取ることができました。さすが治安が落ち着いている日本だと思いました。

学年で主担当をしてくれた先生を中心に事前準備をしっかりと行い、当日も先生方で協力し合いながら対応できたおかげで、前例のない大きな行事を円滑に進めることができました。子どもたちや先生方に感謝感謝でした。

令和５年４月１７日

第２学年保護者様

前橋市立南橋中学校
校　長　　●●　●●
学年主任　小川真太郎

令和５年度第２学年校外宿泊学習参加同意書について

平素より、本校の教育活動にご理解、ご協力を賜り誠にありがとうございます。
さて、子ども達にとっても学校生活において特に印象に残る行事である、２学年校外宿泊学習を下記の通り予定しています。実施に際しまして、新型コロナウィルス感染症対策につきましては、各関係機関・旅行会社等へも対策を依頼し、安全に実施できるよう計画をしております。つきましては、下記内容をご確認いただき、参加同意書のご提出をお願い申し上げます。なお、参加同意書は４月２１日（金）までに、担任にご提出ください。よろしくお願いします。

記

１　目的　：中学生活２年目の校外体験学習として、日本のよき伝統と文化を残す鎌倉・横浜で、仲間と協力し合い名所を巡ったり、集団での宿泊を体験したりする。
２　実施日：令和５年６月１９日（月）～６月２０日（火）　１泊２日
３　行　先：神奈川県鎌倉・横浜方面　　（旅行日程は裏面にあります。）
４　費　用：２２，６００円（見込み）（費用は前納が参加条件になっています。）
５　参加に際しての留意事項
・校外宿泊学習実施前後の、本人及び同居家族への健康観察にご協力をお願いいたします。
・学校側でも指導しますが、ご家庭においても感染予防へのご協力をお願いいたします。
（旅行中の手洗い、咳エチケット、必要に応じてマスク着用のご準備等）
・新型コロナウィルス感染拡大の状況に応じて、中止になる場合もあります。
・出発前に発熱や体調不良の症状がある場合は参加を取りやめて頂きます。その時は、所定のキャンセル料が発生しますので、ご家庭でお支払いいただきます。
・万が一、旅行中に感染・濃厚接触となった場合は、保健所・医療機関の指示に従い対応しますので、ご理解ご協力をお願い致します。
・別紙「食材アレルギー調査表」に記入、捺印の上、参加同意書とともにご提出ください。

・・・・・・・・・・・・・・・・・・・・・切　り　取　り・・・・・・・・・・・・・・・・・・・・・

令和５年　　月　　日

前橋市立南橋中学校長様

上記の内容を確認し、令和５年度第２学年校外宿泊学習への参加に

（同意します。　　同意しません。）　　該当に〇をつけてください。

※担任へ連絡しておきたいこと。

※「同意しない」（不参加）の場合は、理由をお書きください。

２年　　組　　番 生徒氏名：

保護者氏名：　　　　　　　　　　㊞

令和５年度　第２学年校外宿泊学習について（案 R5.4.14 現在）

1　ねらい
（1）鎌倉、横浜の伝統文化財に直接触れさせる体験を通して、日本の歴史を理解させる。
（2）日常の学校生活とは異なる体験をさせることにより、人間関係の幅を広げさせ，教師・生徒の人間関係を深めさせる。
（3）公共の交通機関や施設の利用方法やマナーの体験を通して、集団生活の在り方や公衆道徳などについて、望ましい態度を身につけさせる。
（3）旅行計画の立案・実施、班行動等を通して、主体的な学習態度を育成するとともに、責任ある行動がとれるようにする。

2　期日　令和５年　　６月１９日（月）から６月２０日（火）まで　　１泊２日

3　方面　　鎌倉・横浜方面
　１日目…班別見学（鎌倉市周辺、湘南海岸江ノ島周辺）公共交通機関
　２日目…班別見学（横浜市内横浜市中華街・みなとみらい周辺）公共交通機関

4　宿泊先　ローズホテル横浜　〒231-0023　神奈川県横浜市中区山下町77　℡045-681-5082

5　日程（貸し切りバスで移動）

第１日（６月１９日）	第２日（６月２０日）
6:30　職員集合 6:40　南橋中第２グランド駐車場集合 7:00　第２グランド駐車場発 8:00　（高坂SA休憩） 10:30　鶴岡八幡宮（班別行動開始）着 10:45　班別行動開始 ＜班ごとに昼食＞ 17:00　班別行動終了 17:15　鶴岡八幡宮（班別行動開始）発 18:00　ローズホテル横浜着 18:30　部屋にて夕食、入浴、 20:30　班長会議 22:30　就寝準備　就寝	6:30　起床 7:20　朝食 8:40　出発準備・受付 9:00　班別開始 ＜班ごとに昼食＞ 14:30 横浜人形の家集合 15:00 横浜発 16:45 （高坂SA休憩） 18:00 第２グランド駐車場着・解散

6　引率者　１２名
　◎　校長、２年職員、特別支援担当教諭、養護教諭、（添乗員）

7　費用　一人当たり約２２，６２７円
内訳：宿泊代：10,450 円（１泊朝食）、交通費：約 6,000 円、１日目夕食（弁当代）：1,650 円、雑費（保険代、スマホ代等）：3,900 円
※令和５年２月より学年集金で校外学習積立金として 5,000 円×４カ月＋スキー教室残金 2,627 円

8　服装　　制服（夏服）　　※ただし名札はつけない
　　　　　　　　　　　　　※南橋中Tシャツを中に着用しない→白の無地かワンポイント

9　持ち物
（1）必ずもっていくもの
　→　カバン（リュック）※班別行動時邪魔にならない大きさ、お小遣い、しおり、筆記用具、ガイドブック、生徒手帳、ハンカチ、ティッシュ、雨具、水筒、着替え、体育着、替えのYシャツ・ブラウス等

（2）持っていってもよい物
　→　薬（常備薬・カットバン）・時計（スマートウオッチ類を除く、時計機能のみ）

１０　備考　各班に１台レンタルスマホ貸与（旅行会社から配られます）
　　　　　　カメラは各班のレンタルスマホを使用予定
　　　　　　カバンは両手のあくリュックを使用（エナメルバッグ禁止）
　　　　　　その他の持ち物は実行委員会を中心に議題にあげて決定する
　　　　　　小遣いについては、10,000 円程度を予定（19 日、20 日の昼食代を含む）

１２　その他
・参加者は全体の８０％以上であること。
・不参加者への指導･･･登校し、2時間の自習を予定している。図書室・相談室

◆職場体験学習

南橋中学校ではコロナの影響で、しばらく職場体験学習を行っていませんでした。アフターコロナの関係で、一日の勤労体験学習等も候補に挙がりましたが、当時の校長先生の意向で約四年ぶりに職場体験学習を行うことになりました。

そのため、計画を慎重に練り直しました。

私が主任をしていた学年は、特別支援の生徒も含めて二百十三名いたため、全生徒の受け入れ先を確保するのが難しいと思いました。本校も数年前まで、職場体験学習を九月に行っていましたが、近隣の学校も同じ時期に行う中学校が多かったため、時期が重なると本校の生徒が職場体験学習に行けない可能性もあると考えていました。

また、六月に校外宿泊学習で鎌倉横浜方面に行く予定だったため、学活や総合的な学習の時間での事前学習の時間の時数の兼ね合いも考えなくてはなりませんでした。

二学期は比較的行事が多く、九月に体育大会、十月に中間テストと文化祭、十一月に期末テストと比較的厳しいスケジュールでした。学年の先生方の仕事の負担や近隣の学校との重なりを考え、十一月の期末テスト終了後に職場体験学習を設定しました。六月の鎌倉横浜の宿泊体験学習が終わってから、夏休みを利用して準備をしっかり行いました。子どもたちの行き先や事前学習時間もしっかりと確保して充実した職場体験学習になるように心がけました。

受け入れ先を確保するために、一学期に保護者の方々にも協力を募りました。そして、夏休み中にご紹介いただいた各事業所と交渉を行い、夏休み明けの九月に受け入れ先を二百十三名分確保することができました。受け入れ事業所の数は八十に及びました。

行事が立て込んでいる二学期ですが、時間的なゆとりを確保したことで、総合の時間を使った準備や事前学習も滞りなく進めることができました。受け入れ先への挨拶も事前に行うことができ、万全な体制で当日を迎えることができました。

受け入れ先で実際に体験している子どもたちは、学校とは違う真剣な眼差しで一人一人が取り組んでいました。各受け入れ事業所での実体験の学習の素晴らしさを強く感じました。三日間の職場体験学習を終えた子どもたちは、一回り大きく成長している様子が伺えました。

子どもたちの前向きな姿勢、先生方の絶え間ない努力、地域の多くの受け入れ先の事業所の方々のご支援・ご協力によって四年ぶりの職場体験学習が無事に行えました。職場体験は子どもたちの掛けがえのない校外での学習の場だと思いました。関係してくださる方々に本当に感謝でした。

◆マラソン大会（長距離走大会）

南橘中学校勤務時代、新型コロナウイルス感染症の大流行によって、マラソン大会（長距離大会）も中止されました。

感染が落ち着き始めた頃、感染予防対策をとりながらマラソン大会（長距離大会）を実施するためにはどのようにしていったら良いか、体育の先生方と検討しました。

スタートでの密集を避けるため、一斉スタートではなく、少人数に分けてスタートを行うことを検討しました。そうすると、学年男女別でも、それぞれ百人近く生徒がいるため、タイム計測が複雑になり従来の一斉スタートから着順にストップウォッチでタイムを計測するのは難しいと考えられました。

そのため、生徒一人一人のスタートラインからゴールまでタイムが正確に計測できるＩＣチップでの計測を安価でできないかどうか、ぐんまマラソンの計測業者に相談をしました。スタートとゴールが同一競技場内で、五百人近くいるのであれば、一人当たり六百円位で計測できると答えをいただくことができました。上位入賞者の賞状の印刷も、その金額内で行っていただけることになりました。

運営委員会で提案させていただき、了承をもらい、専門業者によるICチップによるタイム計測でマラソン大会を行うことになりました。

スタートラインを切ってから、ゴールするまで、一人一人のタイムが正確に測れるため、少人数のグループに分けてスタートを行う方式で大会を行いました。一斉スタートのレースとは違い、着順によって順位が決まるわけではなかったため、盛り上がりに欠けることも想定されましたが、順位が後ほど発表されるという「ワクワク感」を持って生徒はマラソン大会に臨んでくれました。

マラソンがあまり得意でない生徒たちも、周りを気にせず自分のペースで走れたため、苦手意識を克服しながら頑張ってくれていました。タイム計測から、表彰状の作成までの業務を専門業者に行ってもらったことで、多くの先生たちが生徒の応援に集中することができ、先生方の負担も大きく減らすことができました。

業者との交渉で、一人一人の記録書も出していただくことができ、それぞれが頑張った証もしっかりと伝えることができました。コロナ禍ではありましたが、先生方で考え、工夫していくことによって子どもたちに思い出に残るマラソン大会を実施することができました。外部の力を上手に活用することでより良い行事を行うことができました。

◆会計処理

学校現場においては、教師が集金、支払いや会計報告の作成業務を必ずと言っていいほど行います。授業とは全く関係のないことですが、組織としては、誰かがやらなくてはいけない仕事の一つでもあります。多忙といわれている教師も会計処理を正確かつ厳密に行っていかなくてはなりません。

私自身も初任校であった特別支援学校で、生徒一人一人の会計簿を作り、会計報告を行っていました。そこでの学びが、様々な組織での会計に生かされたと思います。

会計処理で心がけていたことは、納品書、請求書が届いたときに素早く支払いを行うことです。そして、領収書綴りを作り、いただいた納品書、請求書、領収証等を速やかに貼り付けることです。領収書が感熱紙の場合は、必ずコピーをとっておくようにしました。エクセルなどの表計算ソフトに領収書の金額や支払った金額を打ち込み、通帳等も含め残金と会計簿を一致させておくことで、会計処理を滞りなく行うことができます。私は常にこのことを心がけていました。

教師として、学年会計や教職員親睦会の会計処理を円滑に行うことができました。ただ、会計処理に関しては、教員免許状の資格がなくてもできる仕事です。教師が目の前の子どもたちに寄り添う時間を確保できるように、会計担当の学校職員の加配も考えていく必要があると私は思っています。

◆ダンスの魅力

現在の中学校では、保健体育の授業でダンスの授業を行っています。このダンスは、創作ダンス、現代的なリズムダンス、伝統的なダンスで構成されています。その中でも、子どもたちは、現代的なリズムダンスに非常に高い興味関心を持ち、意欲的に取り組みます。

私が勤めていた中学校でも、保健体育の授業において、ダンスの授業は、子どもたちがとても楽しそうに意欲的に取り組んでくれました。

ＩＣＴ教育が充実し、一人一台タブレットを持てるようになってからは、自分たちで動画を用意してみたり、自分たちのダンスを録画し、それをみんなで見合ったりしてお互いの技能を高め合うことができ、とても充実した授業が展開できるようになりました。ダンスパフォーマンスを行うグループも増え、テレビやネットで多く扱われるようになっているため、そのような影響も子どもたちにはあったかとも思います。

このような子どもたちの様子から、コロナ禍の影響で体育大会が縮小されて行うようになったときに、全校で行うダンスを取り入れました。同じ曲で各学年ごとにアレンジを加えたダンスを行いました。踊る生徒たちも見に来た保護者たちも大いに盛り上がりました。みんなで行うダンスは、仲間との一体感を味わうことができ、生徒たちにとっても貴重な充実した体験となっていました。

学校教育においてのダンスの魅力を感じている今日この頃です。

◆中学校における少子化対策

保健体育の一年の保健分野の授業で、「性機能の成熟」と「性とどう向き合うか」の学習をします。性機能について学ぶ中で、妊娠する過程も理解します。また、異性との関わりについて、今現在から将来について考えます。

性とは本来、子孫繁栄が究極の目的であり、人類が今まで続いてきた神秘でもあります。人間社会を形成し継続していく上で、とても重要で大切なことなのです。

中学校の保健体育の授業の学習では、性的接触の内容まで触れることはできませんが、子どもたち一人一人が今ここに存在することを踏まえて、正しく性と向き合っていく資質や能力をしっかり身に付けさせてあげることが、少子化対策的な方法の一つであると思います。

そして、未来を支える子どもたちが、人を思い、敬い、愛し、自分が責任を負える年齢や状況になった時点で、最愛の人と結ばれることが大切だと思います。そのためには、自分の思いや考えだけでなく、相手の思いや考えも理解し、気遣い互いの気持ちを確かめ合えなくてはならないのです。

そのための異性とのコミュニケーション能力が必要不可欠です。また、そのコミュニケーションを続けていける方法を、自分なりに見いだし身に付けていく必要があります。それを、恋愛の仕方や方法とでもいうのかもしれませんが…。

私は、子どもたちが清く正しく美しく恋愛をする力を身に付け、明るく前向きな意思を持って歩んでいけるように、保健体育の授業や学校における教育活動を行っていました。

第四章　教育現場の現状

◆保健体育を教える教師の現状

中学校で保健体育を教える環境が、十年前、二十年前に比べて大きく変化しています。一番は、気候の著しい変化です。冬の寒さは十数年前と変わりませんが、六月から九月にかけてはほぼ毎日猛暑日となり、最高気温は三十五度以上、ＷＢＧＴ（暑さ指数）も三十を超える指数を示す日が非常に多くなっています。そんな中、中学校の保健体育担当の先生は、保健体育の授業だけでも平均十六～十八時間位は持たれている先生が多いです。もちろん、学校規模によって持ち時数は変わってきますが、年々過酷な状況の中で授業を行っていかなくてはならなくなっています。

校庭では、正式な気温の測定では三十二度でも、足元は三十五度のことが多々あります。教師と生徒は三十五度の地面の上で、一授業時間だと五十分いることになります。教師はその校庭に、一日に少なくて三時間、多くて五～六時間いることになります。教室でエアコンで調整された適正温度の中で授業をされている先生と心身に掛かる負担はあまりにもかけ離れています。

現在、熱中症予防のため、生徒には授業中でも水筒を用いて水分補給をさせています。三十年前では、授業中に水分を補給することなどあまりなかったと思います。しかし現在、授業中での水分補給は必要不可欠です。こんな状況にもかかわらず、保健体育の教師の働き方は、私が働き始めた二十五年前と変わりません。

ましてや、授業中に生徒にかける言葉に気を使わなくてはならない厳しい状況になっています。一刻も早く、中学校の保健体育担当の先生方の働き方を変えていかなくてはならないと私は思っています。

◆義務教育における給食の重要性

「三つ子の魂百まで」という言葉がありますが、小学校から中学校卒業までの九年間、日本人の多くは学校給食に支えられています。

一食につき、八百キロカロリー近くを摂取できる栄養価の高い食事です。しかし、生徒が好んで食べたいと思うものや味付けは、まちまちであります。未来の社会を担っていく子どもたちをしっかりと育てていくためには、しっかりと食べ、健康な体を作っていくことがとても大切だと思います。

令和五年の九月に、全国的に給食や各施設の食事を供給している業者が、突然雲隠れをしてしまい、給食が実施できなくなってしまったニュースがありました。絶対にあってはならないことだと思います。食生活は、健康の保持増進や身体作りと人間にとってとても大切なことです。幼少期からしっかりとした「食べることに関わる知識」を身に付けることがこれからも人間社会で生きていく上で必要不可欠なことです。

そのため、多くの市町村が、日本一おいしい給食といわれている東京都の足立区を見習ってほしいと思います。

学校給食にしっかりとした予算を取り、子どもたちがおいしいと思う給食を食べさせてあげることが未来を支える子どもたちにとって、とても大事なことではないでしょうか。

◆新人アナウンサーの自己紹介で

日本テレビの朝のニュース番組で新人アナウンサー三人が自己紹介をする場面を見ました。女性二人、男性一人のアナウンサーがお話をしたのですが、三人とも学生時代の一番の思い出を「部活動で頑張っていたこと」と語っていました。

一人の女性アナウンサーは、中学生と高校生の六年間、ハンドボール部で仲間と笑顔にまつわるエピソードと仲間と頑張る大切さを学んだことを。もう一人の女性アナウンサーは、中学校三年間、バスケットボール部で学んだあいさつの大切さを。男性アナウンサーは、野球部で活動してきたことを話し、ヘッドスライディングが自分の武器だったと話していました。

三人のアナウンサーが部活動を通して、自分の強みとなることを学んできたことを発表していた様子を見て、改めて、学校教育の中での部活動が担ってきた役割がとても大きなものだと感じることができました。組織で生き方を学びながら、身に付けることができる部活動は、学校教育において、とても重要なものだったのです。

部活動における教育効果は、子どもたちにとって必要不可欠なものではないでしょうか。部活動の地域移行が叫ばれていますが、今まで部活動が担ってきた教育効果を継続できるように、移行していかなくてはならないのです。私たち大人が責任を持って取り組んでいかなくてはならないことの一つだと思っています。

◆公立学校における教育実習生の受け入れの現状

教員免許状を取得するためには、教育実習に行かなくてはなりません。しかし現在、学生が出身中学校に教育実習の受け入れのお願いをしても、断られるケースが見られるようになってきてしまいました。現場に教育実習生を受け入れるゆとりがなかったり、教員が足りずに目の前の子どもたちのことだけで手一杯になっている状況だからです。

教員を育てていかなくてはいけないと言われている中で、今日の教育現場は、このように実習生を受け入れることができないこともあるのが現状です。多忙化はもちろんのこと、人手不足にも拍車がかかっている状況では、教育実習生の受け入れが難しいのです。

教育実習生を担当する先生たちには、現在、自分が抱えている仕事に加えての実習生指導になるので、仕事量が増え負担がかかるのが明らかです。人事評価に影響があるわけでもありません。

後進を育てていかなくてはならないという現場の教師の善意と責任感で面倒を見ているのが現状です。このような状況では教員不足はいつまでたっても解消できないと思います。

今日の多忙化解消は、私たち世代に課せられた責任であると思います。一刻も早く実施していかなければと考えています。

◆部活動地域移行への受け皿の現状

私は、十九年前橋市内の中学校の柔道部の顧問を務めました。そして、前橋市中体連柔道部の強化委員長を十一年、審判長を十五年、そして委員長を三年務めさせていただきました。

中学校の最前線で部活動を行ってきた教師として、部活動の地域移行は、地方の中学校にとって、本当に克服していかなくてはいけない課題がたくさんあるのが現状だと思っています。

前橋市内の十数校の中学校に柔道部が設置されていますが、それぞれの中学校の地域の方々で部活動の指導をできる方がいらっしゃるとは限りません。指導できる人の数は競技人口に相関するため、マイナーなスポーツであればあるほど、その傾向は高いと思います。また、たとえ地域に指導ができる人材がいたとしても、その方の職業やご都合にも大きく左右されます。

そして、何より対価（報酬）の問題があります。今まで学校教育の歴史の中で、部活動は学校教育の中の一環とされながらも、休日に実施したときのごくわずかな手当だけでほとんどが現場の教員におんぶに抱っこでした。地域の方々の温かい気持ちや、ボランティア精神だけでは成り立ちません。

技能の指導だけではなく、社会性や規範意識を高めることができる部活動の指導を担うことは、誰でもできるわけではありません。家庭の経済的な負担を費やすことを前提とした部活動地域移行だと、家庭の経済格差からやりたくても部活動を行えない子どもたちがたくさん出てくることも想定されます。週末に送り迎えができたり、ユニホームなど、個人的な費用だけでなく、練習場所の使用料や用具や備品を自分たちで費用を賄うとなれば、かなりの額のお金を月々徴収しないわけにはいきません。

このような現状で、部活動の地域移行を実施していくためには、公的な組織作りや補助金が必要不可欠です。地方における中学校の部活動の現状もしっかりと調べ、部活動地域移行のあり方をもう一度考え直すことが必要だと私は思っています。

◆子どもが育つ環境の変化

昭和・平成・令和と子どもたちが育つ家庭環境は大きく変わりつつあります。昭和の時代はお父さんが働き、お母さんが家事を担う家庭が多かったと思います。「サザエさん」の家を代表するように。

しかし、女性の社会進出が進むようになってから、夫婦共働きのご家庭も増えてきました。平成の終わりから令和にかけて、家庭の構成の在り方も様々となってきているのが現状です。

昭和の時代では、子どもたちが家に帰ると、お母さんがいて、宿題を見てもらったり、おやつを用意してもらったり、話を聞いてもらったりと家族とのコミュニケーションを取る場面が、今よりも比較的多かったと思います。また、家庭でのしつけを通して、社会性を学ぶ機会が今よりも確保されていたと思います。

しかし、令和の今日、多くの家庭が、生後一年から三年の間に保育施設やこども園にお子さんを預けます。仕事が終わる夜六時前後からお子さんとの時間が始まり、慌ただしく就寝時間を迎え、翌朝八時前後にまたお子さんを預けるという家庭が多いかと思います。また、共働きをしている多くの家庭が、小学校のお子さんを学童などに預かってもらっているのが現状です。

両親と家庭で接する時間が少なくなってきているのに伴い、家庭でのしつけや社会性を身に付ける機会や時間も明らかに少なくなっているのです。

学校教育の現場も、昭和の時代では一クラスに約五十人いた時もありました。現在では四十人以下と国で定められており、群馬県においては三十五人のクラスとなっています。

しかし、過去に家庭で学べていたしつけや社会性を学校で補うことはできません。家庭で身に付けていた社会性を義務教育諸学校だけではなく、保育施設や学童で学び身に付けさせてあげなければならないのが現状です。

このような子どもたちの実態に対して、一刻も早く今よりも少人数での学校教育や保育施設、学童での対応が求められていると思います。

異次元の少子化対策として、生まれてきた子どもたちを多くの人たちで関わり協力しながらしっかりと育ててあげる必要があると私は思っています。その実現に向けて私はこれから出来る限りのことをしていきたいと思います。

◆現在の教育現場

世論や多くの報道機関が取り上げているように、現在の義務教育の学校現場は正直厳しい状況にあります。

県内の中学校においては、教師の平均的な授業時数は二十から二十二時間です。一日約四時間平均の授業と思われますが、現場の教師の仕事は授業をすればいいだけではありません。教材研究、授業準備、提出物の確認、各行事の実施要項の作成や準備、報告書の作成、学年費等の会計処理と会計報告の作成。加えて、その他各校務分掌の仕事や生徒指導対応、保護者対応。そして、部活動指導等もあります。

一人の先生がお休みされると、その先生がお持ちの授業時間を代わりの先生が補わなければなりません。このように周りの人たちが補うことは日常茶飯事なのです。

現実的には、現場の先生たちはトイレに行く時間もない時があるのが現状です。小学校は、中学校以上に一人当たりの持ち授業時数が多く、子どもたちが学校にいる間は、息つく暇がないようです。お休みをされる先生がいた場合、一、二名しかいない担任外の先生や教頭先生が対応されているとのお話を聞きます。

教師には、小さいお子さんを育てているご家庭も多く、休暇を取ってご自身のお子さんの面倒をみなくてはならないことも多々あります。しかし、現在の学校現場では、休暇を取られた先生の仕事を補うために、他の先生方に負担がいってしまうのが現状です。

病気や産休・育休の代替え教員もなかなか見つからず、管理職の先生が対応している学校も多くあるようです。自習時間も多くなってしまい、その穴埋めの自習監督ですら満足にあてがうことができない時があるのが学校現場の今の現状です。

個別最適な学びを各学校で展開していくには、少人数性が求められるため、更なる教師を確保し、配置しなければならないと思います。

このような現場を経験している私たちが、学校現場でも一人ひとりの生徒に寄り添い、個別に最適な学びが充実していけるように、教育環境をしっかりと整えていかなくてはならないと切に思います。

◆自分の家族のために

教師は、仕事の拘束時間が長い職業であります。児童生徒が登校する前に学校へ行き、勤務終了時間に退勤することは難しい職業でもあります。ご自身に小さいお子さんをお持ちで、保育園や子ども園、学童などに預けている教師も多く見られます。教師の仕事は多忙ではありますが、ご自身のお子さんたちもご自身の手で育てられるような職場環境が必要不可欠だと私は思います。

子育てをしている多くの教師が、寝起きと同時に忙しく、着替え、食事をさせ朝早く子どもを預けます。そして、受け入れ時間終了の時間ギリギリや、過ぎてしまってからお子さんを迎えに行き、帰宅後休む間もなく食事の用意をして夕食、あっという間に就寝時間を迎えるという生活を送っているということをよく聞きます。

毎日ゆとりがなく慌ただしい生活スタイルで、自分自身のお子さんをしっかりと育てることができるのでしょうか。

私たち四十代、五十代の世代が、これからの学校を支える若い先生たちのために、自らの子どもも自らの手で育てられる職場環境を整えてあげなければならないと強く思っています。

第五章　地域社会で生きる人として

◆スポーツ競技団体事務局員として

私は、平成十一年から群馬県柔道連盟事務局員として競技団体の運営の仕事をしてきました。初任校である群馬県立榛名養護学校勤務三年目からです。

私は小学校から柔道をしています。中学校、高校、大学と柔道部に所属し稽古に励みました。強くなるために厳しい稽古を行ってきましたが、柔道の修行を通して、様々なことを学べたからこそ、教師としての私があると思います。

私を育ててくれた柔道に対して、その恩義に報いるために、また、柔道の創設者である嘉納治五郎先生の教えである「精力善用　自他共栄」の教えに従うために、群馬県柔道連盟事務局の仕事に前向きに取り組んできました。

正直最初は、教師の仕事をしながら家庭のこともあるので、「とても私には務まらないです」

とお断りすることを前提に、父・小川正行に相談しました。

父・正行からの答えは、「お前に関わって柔道を学んでいる子どもたちが、お前が群馬県柔道連盟事務局員として働くことによって、頼りになることが多くなる。柔道を修行する子どもたちのために頑張れ」と言われました。

その当時、臨時教員時代の教え子たちが、地元のスポーツ少年団で柔道を始め、ともに稽古に励んでいました。

私の答えは一つでした。

「やるしかない」と。

当時の群馬県柔道連盟の理事長のもと、月に二回ぐんま武道館の会議室で行われる事務局会議に参加するようになりました。今、事務局員として、柔道に関わるすべての行事の会場使用の調整や行事計画の作成を私が担当しております。また、県内で行われた関東選手権大会や国体関東ブロック大会では、事前準備や当日運営、そして会計処理を行っています。

群馬県内の柔道普及発展のためにこれからも私にできる限りのことを行っていきたいと思っています。

令和●年●月●●日

群馬県柔道連盟
各部長・各団体代表　様

群馬県柔道連盟連
会長　●●　●●

令和●年度　各部各団体行事計画案について

上記の件につきまして各部、各団体の令和●年度の行事計画を検討し、「令和●年度　各部・各団体行事計画報告書（県柔連事務局提出用）」にて各部・各団体の行事のご報告頂きたく、お願い申し上げます。

記

1．提出方法
添付資料の「令和●年度　各部・各団体行事計画報告書（県柔連事務局提出用）」に、必要事項をご記入して頂き、令和●年●●月●●日（●）までに事務局（担当：小川）まで**Ｅメールで提出**してください。

提出・問合せ先：群馬県柔道連盟事務局　小川真太郎
Ｅメール：▲▲▲▲@●●●●.●●.●●
連絡先：●●●-●●●●-●●●●（小川携帯）

2．「令和●年度　群馬県柔道連盟行事計画（案）」が作成されるまでの流れ（参照）

①各部・各団体が来年度の行事計画案を作成し、事務局（小川）へ提出

②事務局でまとめ、各部・各団体から上がってきた行事計画案で、日程が重なっているところを調整し、武道振興会用の「令和●年度　ぐんま武道館使用案」を作成
→　武道振興会へ提出（１０月中）

③１１月に行われる武道振興会調整会議（ぐんま武道館使用予定）の結果を受け、事務局で再度行事計画　を調整し、群馬県柔道連盟としての「令和●年度　群馬県総合体育　センター使用申　請書」を作成
→　群馬県総合体育センターへ提出（１２月中旬）

④１月に行われる群馬県総合体育センター使用調整会議の結果を受け、事務局で行事計画案を最終調整

理事会で「令和●年度群馬県柔道連盟行事計画（案）」を提案

令和●年度行事予定

群馬県柔道連盟

月	日	曜	県内行事	時間	会場	月	日	曜	県外行事	会場
4	2	日	総会	14:00	高崎グランビューホテル	4	1	土	全日本選抜体重別選手権大会～2	福岡県
	2	日	県審判講習会	10:00	1、④		23	日	全日本女子柔道選手権大会	横浜市
	9	日	関口杯支部対抗	10:00	1、④		28	金	関柔連理事会(関ブロ組合せ)	東京都
	15	土	関東ジュニア体重別予選	10:00	1、④		28	金	全国高段者大会	講道館
	22	土	高校学年別大会	10:00	1、④		29	土	全日本柔道選手権大会	日本武道館
	23	日	形講習会	9:00	1、④		30	日	最高審議会	講道館
	23	日	定例会	9:00	②、③					
5	7	日	Cライセンス審判員取得講習会	9:00	1、④	5	4	木	全国少年大会～5	講道館
	12	金	高校総体(男女個人)	10:00	1、④		5	金	関東地区Bライセンス審判講習会	神奈川県
	13	土	高校総体(男女団体)	10:00	1、④		7	日	関柔連総会、関東ブロック組合せ会議	埼玉県
	20	土	群馬県小学生強化選手選考会(5年～6年)	10:00	1、④		28	日	関東学生優勝大会	埼玉県
	27	土	全国高校総体予選(個人)	9:30	1、④					
	28	日	定例会	9:00	④					
	28	日	高段者大会、壮年大会、女子柔道交流大会	13:00	1					
6	3	土	中学校春季大会(団体)	10:00	太田市武道館	6	2	金	関東高校柔道大会～4	茨城県
	4	日	中学校春季大会(個人)	10:00	太田市武道館		3	土	全日本実業団体対抗～4	四日市
	17	土	全国高校総体予選(団体)	10:00	1、④		10	土	関東ジュニア組合せ会議	埼玉県
	24	土	国体選手選考会	10:00	1、④		10	土	全日本形競技大会	講道館
	25	日	本部審査・高段者推薦委員会	9:00	1、①		17	土	関東Bライセンス筆記試験	埼玉県
	25	日	定例会	9:00	④		24	土	関柔連理事会七段・八段昇段祝賀会	横浜市
							24	土	全日本学生優勝大会～25	日本武道館
7	19	水	暑中稽古～21	17:30	1、④	7	1	土	全日本ジュニア関東地区予選～2	埼玉県
	29	土	中学校総体(団体)	10:00	因、1、②、③、④		2	日	Aライセンス実技試験	埼玉県
	30	日	中学校総体(個人)	10:00	因、1、②、③		22	土	金鷲旗高校大会～24	福岡県
	30	日	定例会	9:00	④		28	金	関東ブロック小学生強化合宿～30	未定
							30	日	全日本少年少女武道錬成大会	日本武道館
8	6	日	群馬県スポーツ少年団大会)、Bライセンス実技試験	9:00	1、④	8	6	日	関東柔道高段者大会	埼玉県
	16	水	リーダー養成研修会～18	9:00	1、④		8	土	全国高等学校総合体育大会柔道大会～12	北海道
	27	日	指導者資格更新・養成講習会	9:00	1、3、④(午後)		8	月	関東中学校柔道大会～10	埼玉県
	27	日	定例会	9:00	④		17	日	全国中学校大会～20	徳島県
							19	土	関柔連理事会	埼玉県
							20	日	国民体育大会関東ブロック大会	埼玉県
							24	土	関東学生体重別柔道大会～25	千葉県
							26	土	全日本実業個人選手権大会～27	兵庫県
							27	土	全日本小学生育成プロジェクト	未定
								日	全国高等学校定時制通信制大会	講道館
9	3	日	道場連合会大会	10:00	1、④	9	2	土	関柔連理事会・六段審議会	埼玉県
	9	土	関東高等学校選抜柔道大会県予選	9:30	1、④		5	火	全国警察選手権大会	日本武道館
	10	日	群馬県スポーツ少年団中学生交流大会、Cライセンス実技試験	9:00	1、④		9	土	全日本ジュニア体重別選手権大会(男・女)～10	埼玉県
	24	日	定例会	9:00	④		16	土	関柔連理事会・六段形審査会	埼玉県
							17	日	マルちゃん杯全日本少年大会	東京武道館
							30	土	全日本学生体重別選手権大会～1	日本武道館
10	1	日	紅白試合	9:00	1、④	10	14	土	国民体育大会柔道競技～16	鹿児島県
	7	土	中学校新人大会①	10:20	1、④		21	土	全日本学生体重別団体優勝大会～22	兵庫県
	8	日	指導者資格更新・養成講習会	9:00	1、3、④		21	土	関東高等学校柔道選抜大会～22	東京都
	21	土	中学校新人大会②	10:20	1、④		28	土	関柔連理事会・関東地区講道館「形」講習会	埼玉県
	29	日	本部審査会及び功績(紙上)審査	9:00	1、①(～12:00)		23	月	全国警察大会	日本武道館
	29	日	定例会	9:00	④					
11	4	土	中学校新人大会③	10:20	1、④	11	4	土	講道館杯全日本体重別選手権大会～5	千葉県
	5	日	県民スポーツ大会	10:00	1、④		23	木	全日本産業別大会	講道館
	11	土	高校新人大会	10:00	1、④		19	日	三笠艦記念ひのまるキッズ関東柔道大会	横須賀市
	12	日	指導者資格更新・養成講習会	9:00	1、④				全日本視覚障害者大会	講道館
	18	土	ぐんま武道フェスティバル	9:00	因、1、①、②、③					
	19	日	警察少年柔道剣道大会	9:00	因、①、②、③、④、⑤、⑥					
	23	木	「形」競技会	10:00	1、④					
	26	日	実業団大会	9:00	1、①					
	26	日	定例会	9:00	④					
12	2	土	群馬県大学親善大会	9:00	1、④	12	2	金	グランドスラム東京～3	東京都
	10	日	小学生総体	9:00	因、1、②、③		9	土	関柔連各県会長・理事長・事務局長会議	埼玉県
	16	土	関東甲信越中学生柔道錬成大会～17	9:00	因、1、②、③		16	土	文武両道杯全国高校大会	講道館
	17	日	定例会	9:00	④					
	22	金	関東近県高校女子交流大会～24	9:00	1、④					
1	13	土	全国高校選手権大会予選～14	10:00	1、④	1	28	日	関東柔道形競技大会	埼玉県
	21	日	県選手権大会・県女子選手権大会	10:00	1、④				日本ベテランズ国際大会	講道館
	28	日	定例会	9:00	④					
2	4	日	段別選手権大会	10:00	1、④	2	3	土	関東選手権大会組合せ会議	オンライン
	18	日	全国少年柔道大会県予選	10:00	1、④		17	土	関柔連理事会・関柔連六段証書伝達式・祝賀会	埼玉県
	25	日	定例会	9:00	②、③		18	日	東京・関東対抗選抜柔道大会	埼玉県
		日	新年会・昇段祝賀会	未定	未定		24	土	全日本シニア体重別選手権大会～25	堺市
3	3	日	スポーツ少年団小学生交流試合	10:00	因、1、②、③	3	9	土	関東選手権大会審判会議	茨城県
	10	日	安部一郎杯争奪群馬県中学生柔道大会	9:00	因、①、④		10	日	関東選手権大会兼全日本選手権大会予選	茨城県
	24	日	定例会	9:00	④		19	日	全国高校柔道選手権大会～20	日本武道館
							23	土	マガジン杯全国中学生柔道大会～24	神奈川県

因･･･大道場　1･･･第1道場　2･･･第2道場　3･･･第3道場　①･･･第1会議室　②･･･第2会議室　③･･･第3会議室　④･･･第4会議室
⑤･･･第5会議室　⑥･･･第6会議室

※県柔道連盟強化練習会:ぐんま武道館第1道場　18:00～

実施予定日(金曜日):4/21、28、5/19、26、6/2、30、7/7、8/25、9/1、8、15、22、29、10/6、13、11/10、17、12/1、8、1/19、26、2/2、9、3/1、15の計24回

◆東京オリンピックキャンプ二〇二〇キャンプ地誘致

私がオリンピックキャンプ地誘致に直接関わるようになったのは、群馬県スポーツ振興課に勤務するようになってからでした。群馬県柔道連盟としては、一九六四年の東京オリンピックの時に、レスリングハンガリー代表のコズマ選手の付き人をした県内の高校教師であった故山本宗夫先生とのご関係からでした。

旧東ヨーロッパ時代から交流が始まり、お二人の関係はとても強い絆で結ばれておりました。不慮の事故で、コズマ選手がお亡くなりになってからも、山本先生とハンガリーの人々との交流は絶え間なく続いておりました。山本先生が他界された後も、山本先生の遺志を引き継ぎ、副会長でもあるM先生が群馬県柔道連盟の窓口として、ハンガリーとの交流にご尽力されていました。

M先生は、ブダペスト柔道連盟と二年に一回、お互いに選手団を連れて行き来されていました。

オリンピックキャンプ地の話が前橋市と正式に進み始めると、ブダペスト柔道連盟を通してハンガリー国柔道連盟とのコンタクトをお願いしました。

しかし、ハンガリー国柔道連盟からはなかなか回答をいただくことができませんでした。

蓋を開けてみると、ハンガリー国柔道連盟とブダペスト柔道連盟は過去の経緯から確執があることがわかりました。そのため二〇一六年十二月上旬に行われていたグランドスラム東京にハンガリー国柔道連盟会長を群馬県柔道連盟の当時の事務局長、前橋市スポーツ課の職員のお二人と私で突撃訪問しました。

不躾な訪問にも、ハンガリー国柔道連盟会長は紳士的に対応してくださり、次の日にもう一度来てくれと言われました。翌日は、再び当時の前橋市のスポーツ観光部長、M先生と訪れ、ぜひ前橋に足を運んでいただき

ハンガリー柔道連盟・トート会長

武道の心得伝える

前橋商高で生徒と交流

ハンガリー柔道連盟のトート・ラースロー会長が28日、前橋市の前橋商高を訪れ、柔道部に直接指導を行った。男女20人の部員が参加し、真剣な顔つきで練習に取り組んだ。

トート会長は同市で26日に開かれた「国際フェアプレー委員会」の会長特別賞授与式のために来日した。同国と交流の深い県柔道連盟が「日本の練習を見てもらいたい」と要望し、トート会長が快諾して実現した。

柔道着を着用したトート会長は生徒と組み合い、武道の心得や足技を指導した。実際に組んだ2年生の両川健介さんは「外国人に指導してもらうのは初めて。教わった足技を試合で使いたい」と力を込めた。

指導を終えたトート会長は向上心の高い生徒に感激し、「柔道は必ず人生に役立つ。この中から日本代表が選ばれたらうれしい。これからも交流を図りたい」と笑顔で話した。

足技を指導するトート会長

高校生と試合や日本の遊び体験

柔道でつながり交流

ハンガリーのジュニア選手団来訪

前橋　東京五輪から1年を迎える中、ハンガリー柔道連盟のジュニア選手団が19日から、ホストタウンだった前橋市を訪れ、本県の柔道関係者と交流を深めている。23日には同市勝沢町の勝城神社を訪れ、地元で柔道に取り組んでいる子どもたち約50人と触れ合った。

訪れたのは14～17歳の選手8人、コーチ1人、役員2人の計11人。神社では一人ずつ自己紹介し＝**写真**、団長のペトラーニ・イムレさん(63)が「私たちと皆さんをつないでいるのは柔道。一緒に時間を過ごすことができてうれしい」とあいさつ。選手は子どもたちと金魚すくいやヨーヨー釣りを楽しんだ。

女子のボッヘイム・ボッザさん(14)は「日本人は柔道が強くて、優しい。明日は試合で緊張するけど、楽しみ」。前橋粕川中1年の峯岸晃生さん(12)は「ハンガリー語で『こんにちは』『ありがとう』を覚えた。もっと仲良くなれたらいいな」と語った。

選手団が来県するのは2019年以来で、ハンガリー出身で群馬大に留学しているバーナーティ・ヤンカ・ボルバーラさん(23)が通訳として同行している。

26日まで滞在予定で、24日に県内の高校生と国際親善試合を行う。

（稲村勇輝）

上・2019年（令和元年）11月29日　上毛新聞より
下・2022年（令和４年）７月24日　上毛新聞より

たいとお願いをしました。

検討していただけるという回答をいただき、首の皮一枚つながった気持ちでした。

それからは、前橋市スポーツ課の方々と協力しながら、ハンガリー国柔道連盟と連絡を取り合い、ブダペスト柔道連盟との交流も含めながら、オリンピックキャンプ地へと歩んでいきました。

群馬県柔道連盟は、国際交流委員会を組織し、M先生を委員長として東京オリンピック二〇二〇キャンプ誘致に取り組んできました。私も委員として、予定表の作成から送迎、そして会計責任者として全てに関わらせていただきました。

二〇二〇年から大流行した新型コロナウイルス感染症のため東京オリンピック二〇二〇に関わるキャンプ地誘致は全て頓挫してしまいましたが、前橋市と群馬県柔道連盟は、その後もハンガリー国とレガシーを継続していけるように、一年に一回ずつ招聘事業や派遣事業を進めています。

◆前橋警察署少年補導員として

箱田中学校で柔道部の顧問をしていたとき、幼いときからお世話になっている柔道の先生から、前橋警察署生活安全課が行う青少年の健全育成のための柔道教室のお誘いを受けました。

私が箱田中学校赴任と同時に、柔道部員と土曜日の午前中に前橋警察署の練習に伺うようになり、当時の署長さんから、生活安全課が担当している少年補導員をしてほしいと声をかけていただきました。

中学校の教員のため、街頭補導などに行くのはなかなか難しいとお伝えしたのですが、「行ける時に来てもらえれば大丈夫だから」とのお言葉をいただいたので、その時から少年補導員としてお世話になることになっています。

以来、十数年部活や仕事の都合がつくときに街頭補導に参加させていただいています。当時の柔道部の部員のおじいさんが、当時の補導員連絡協議会の会長をなさっていて、温かく対応していただき感謝でした。

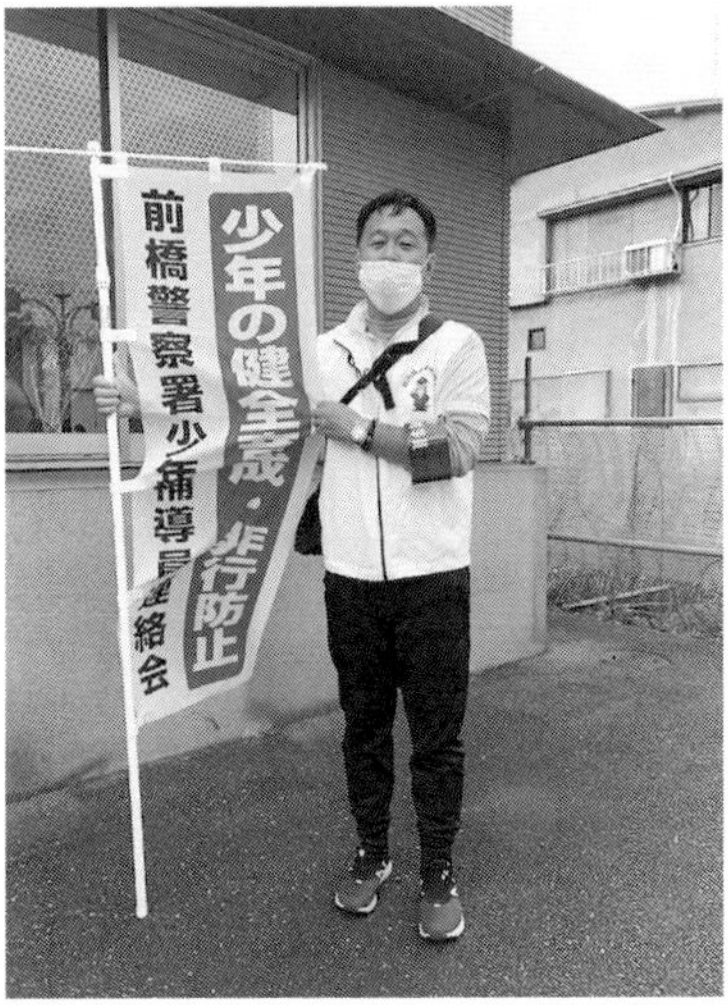

地域の先輩方の、子どもたちの健全育成のために尽力されている姿を見て、改めて地域で子どもを育てていかなくてはならないと思うようになりました。

◆在住地域での奉仕活動

コロナの影響で、部活動が自粛される期間が多くなったのを機に、地域の廃品回収の仕事をさせていただくようになりました。同じ地域にお住まいの柔道関係の先輩が、地域の青年会に所属し、廃品回収の活動をしていたのですが、ご自身のお仕事の都合で関われなくなるとお話を聞き、後釜として活動させていただくことになりました。日曜日の朝八時から、約一時間から二時間、トラック三台に分かれ、町内を回って廃品物を回収します。

また、町内の皆さんに導いていただきながら、地域の行事のお手伝いも行いました。夏祭りでは青年会の会員として会場準備や後片付け、飲食物の販売を行いました。

前橋まつりでは、山車の準備や当日の町内や前橋市内巡りの運営や後片付けなどに参加させていただきました。

夏祭りや前橋まつりでは、地元の子どもたちもたくさん参加し、素晴らしい思い出ができると実感しました。また、結婚などで地元を離れた方々も帰省して参加してくださる方も多く、祭りに対する地元の方々の熱い思いも感じることができました。

このような地域の活動は、地域の方々の日々の努力があって継続されてきたことだと改めて敬意を持ちました。そして、より良い方法を模索しながら継続していかなくてはならないと思いました。

私も骨を埋める覚悟であるこの地域で、身体が動く限り出来る限りのことをしていきたいと思っています。

◆前橋の将来

今、私の住んでいる地元「前橋」では、経済界で活躍されている先輩方の導きにより、新たな発展が始まっています。かつて多くの人たちで賑わっていた「前橋」の街中が、昔からある河川を生かした魅力ある街になろうとしています。

文化芸術的施設も次々と整えられています。私立の小・中学校が誘致され、十年後には、「前橋」の街中が、子どもたちの笑顔溢れる街中になっているのではないでしょうか。

前橋の教育に携わったものとして、いち早く前橋市内の学校から小学校は二十人以下の学級、中学校も二十八人から三十人以下の学級となったり、小中学校の教師の持ち授業時数が今より削減されたりして、一人ひとりの子どもたちに、教師が今まで以上に寄り添いながら教育活動が行えるようになってほしいと思います。

そして、前橋の小中学校に勤務を希望される教師が増えたり、魅力ある前橋の小中学校で子育てをしたいと思う方々が増えたりしていってほしいと思います。

また、保育士や介護士の配置人数も、国の配置基準よりも多くの方々が携われるようにし、「子どもを預けたり介護施設を利用するなら前橋で」となってほしいです。

また、関東の華といわれていた「前橋城」の「本丸」が群馬県庁と臨江閣の間の前橋公園内に復元されたり、中央前橋駅からるなぱあくや臨江閣まで広瀬川を利用して小さな船で行き来ができたりしたら、今まで以上に魅力的な前橋になるのではないでしょうか。

前橋駅から群馬県庁まで県道や国道の真ん中を路面電車が通り、更に群馬県庁から利根川沿いの道路を通って、前橋公園、敷島公園、そして群馬県総合スポーツセンターまで、上毛三山の素晴らしい景色を見ながら人々が移動できるようになれば、もっと魅力的な街になると思っています。

そして、前橋市内のスポーツ施設も今まで以上により多くの人たちに有効的に利用されるようになるでしょう。子どもたちが、公共の交通機関を使って、自力でそれぞれのスポーツ施設へ行き来できることも子育てがしやすい街の一つの特徴になると思います。

前橋の素晴らしさを堪能できるハーフマラソン大会を新たな前橋シティマラソンとして行っていくことができれば、より多くの人たちの健康の保持増進に貢献できると思います。前橋駅近くに、地元銀行の社会人チームのホームとなる体育施設ができ、有名リーグへの参加ともなれば、「する・みる・支える」のスポーツ振興もさらに高まると思います。

近い将来、市民の方々の笑顔が絶えない群馬県の主都、前橋となることを私は夢見ています。

第六章　歩んできた道

◆高校時代

公立学校受験に不合格だった私は、私立の併願で合格していた前橋育英高等学校へ進学しました。私は、父・正行と中学校三年生の時に、将来保健体育の教師になることを目指すことを約束していました。それに伴い、父から保健体育の教師になるためには高校時代に運動部に所属し、県大会での優勝や関東大会ベスト8以上の競技成績を残すことが必要と言われていました。

そのため、高校でも柔道を続けることを命じられていました。当時の前橋育英高校柔道部は、群馬県内の強豪な選手が集まっていて、勝利を目指して非常に厳しい練習に取り組んでいました。

朝練は毎日一時間、陸上トレーニングと綱登りを、陸上トレーニングでは三〇〇メートルトラックのランニングを十周した後、馬跳び、おんぶダッシュや抱っこダッシュ、インターバルダッシュ等でした。

綱登りでは、順番に腕だけで五メートル以上の上まで登り降りてくるということを十回ほど行っていたと思います。今思うと、毎日厳しいトレーニングを行っていたおかげで、体力だけでなく強い精神力を身に付けることができたと思っています。

一年の後半時から、綱登りの成果であったと思いますが、体重六十五キログラム前後の私が百キログラム前後の選手と立ち技の乱取りを行っても対等に組み合うことができるようになりました。自分よりも大きな相手に投げられることなく、逆に投げることが多くなり柔道の楽しさや強くなる自分を一番実感した時でもありました。二年時には、高校総体の団体戦のメンバーに選んでいただき、県総体優勝を経験させていただくことができました。

しかし、進学コース専攻の私が体育コース専攻の柔道部員を差し置いてメンバーとして試合に出たことへの同階級の選手とのライバル争いがありました。

二年の夏休みの練習中の寝技の乱取り中に約四十分締め技を続けられた結果、視神経が炎症し運動禁止の状態になりました。二週間の入院後、練習を再開したところ、再び視野狭窄となり、再入院をしました。柔道だけでなく運動も半年は禁止となってしまいました。

目の前が真っ暗になり、絶望感でいっぱいでした。

しかし、柔道だけが私の人生ではないと前向きに考えるようにし、勉強に打ち込むこととしました。センター試験に向けて、必要とされる教科の合計で七割以上の点数が取れるように気持ちを切り替えて勉強をしました。県内での教員を確保するために、教員養成をしている大学である群馬大学教育学部でも推薦入試を行うとのことでした。

各専攻に対して各学校から一名のみ推薦でありました。校内推薦委員会で何とか選考していただくことができ、推薦試験を受験することができました。

結果は不合格でした。

私はその時、同じように受験した人たちと必ず同級生となると、センター試験前の残り一ヶ月は毎日十五時間勉強しました。その甲斐あって、センター試験である程度の点数を取ることができました。

受験することを許されたので、二次試験に向けて、小論文、体力テストに向けて、一日五本小論文を書いたり、十キロランニングをしたあとトレーニングをしたりしました。千五百メートルは四分台で、懸垂は二十回以上できるよう。

そして、何とか現役で合格することができ、父親の元で大学生として新たなスタートをきることができました。

◆大学時代

私が高校一年生の時に大病した父の体調のこともあり、近くにいてほしいという要望から、私は群馬大学に進学することを決意していました。無事に入学することができ、父の元での修行が始まりました。

保健体育専攻のオリエンテーションの時に、話をしに来た教官が父でした。公私混同しないように、大学では「小川先生」と呼んでいました。部活動も当然、父が監督していた柔道部に入部し、週に四回練習をしました。アルバイトで、部活に来ないことがある先輩や同級生もいましたが、私は父から「お前はアルバイトをしなくていいから、部活に専念しろ」と命じられていました。

高校の時の練習に比べると、実践を重んじる練習だったので、柔道部の練習に前向きに取り組むことができました。組織なので、人間関係もいろいろありましたが、人としてたくさんのことを学ぶことができた柔道部の活動でした。

そして、柔道部に入部して何より実感したのが、ＯＢの先生方の結束力でした。学生時代、切磋琢磨した仲間や後輩たちのために惜しみない支援と協力をしてくださる組織に改めて、父の命を皆さんに救っていただいたと実感しました。

一生涯、群馬大学柔道部ＯＢ会に出来る限りのことをしようと思うようになりました。

父の体調面でのサポートのため、父が担当する集中講義等の実習には、受講生として参加するかボランティアで手伝いとして参加することが多かったです。保健体育専攻のゼミは、父がお世話になっていた教授のところに所属し、実際の指導は父から受けていました。研究に対しては、妥協のない父だったので、私はきつく、苦い思いをすることがたくさんありました。

私の人生の中で最も充実した時間を過ごすことができた学生時代でした。

◆吉岡町立駒寄小学校で

群馬大学教育学部保健体育専攻卒業後、臨時教員として、吉岡町立駒寄小学校で教師生活をスタートすることができました。右も左もわからない私でしたが、右の先生も左の先生も大ベテランの先生でご指導ご鞭撻、そして支えていただきながら初担任を務めさせていただきました。

元気で朗らかで、温かい子どもたちにも恵まれたおかげで、拙い授業でしたが、一年無事に過ごすことができました。

教員採用試験に向けて、五月の連休明けから毎朝五時半に学校に行き勉強をしました。初任でお勤めだった先生が一緒に、お住まいが伊勢崎にもかかわらず、毎朝一緒に職員室で私の勉強に付き合ってくださいました。本当にありがたかったです。

当時狭き門だった教員採用試験に何とか合格できた時、全職員の方のご出席でお祝いの会を催していただいたことを今でも覚えております。

採用試験に合格したことと、大病をした父からの後押しもあったので、年度末にお付き合いしていた妻と結婚しました。

厳しかったですが、とても充実した一年を過ごすことができました。本当に温かくご指導ご鞭撻をしてくださった先生方に、今でも感謝の気持ちでいっぱいです。

◆群馬県立榛名養護学校で

県教育委員会からの採用通知に書かれていた「県立特別支援学校に勤務を命ず」という文字にびっくりしました。特別支援学校の教員免許も持っておらず、採用試験の願書にも特別支援を希望していなかったので、非常にびっくりしたことを覚えています。

中学部に配属され、一年生の担任からスタートしました。四人の単一障害の生徒たちのクラスを、初任者指導教諭の先生と二人で担当しました。

最初の一週間は、戸惑うばかりで物事を前向きに考えることができませんでした。しかし、中学部一年生は三クラスあったのですが、二組、三組の先生方にご指導いただいたり、導いていただいたりしたおかげで、前向きに考えられるようになり、そのおかげで、その後、学年を持ち上げ卒業まで見届けることができました。保護者の方々とも情報交換をしっかりと行わせていただくことで理解いただき、三年間温かく見守っていただきました。

結果として初任校で特別支援学校に勤めることができ、本当によかったと思っています。教育の原点といわれることが多い特別支援教育で本当に多くのことを学ぶことができました。

自分自身も長女と次女を授かり、特別支援教育の勤務経験から親としてもたくさんのことを学びました。

当時の特別支援教育では、子どもたちをできる限り社会的自立・社会参加できるように、資質や能力を身に付けさせてあげることが究極の目的でありました。それは、義務教育の学校でも同じように子どもたちに社会的自立・社会参加できるように資質や能力を身に付けさせることが教育の原点の一つだと今でも思っています。

◆群馬大学教育学部附属中学校で

附属中学校の八年間は、仕事をしているというより常に追い込まれて人生最大の修行をしていたと私は今も思っています。この八年間のことは、今でも鮮明に覚えています。

一年目は一年生の保健体育の教員だけが、専門教科の授業が他教科の教員の平均十二時間という授業時数に比べ、十六時間と四時間ほど多かったのを覚えています。加えて、県立特別支援学校から転勤してきた私は、他の教員と違い、中学校現場での経験がなく、すべてがゼロからのスタートでした。一年目は三百五十日以上、附属中学校にいたと思います。

附属中学校の保健体育担当として、毎日綱渡り状態で、前橋市内の各中学校の体育担当者は、夏休みも平常時と同じように忙しい日々が続きます。各競技の市総体大会が終わると同時に、予選を突破した競技の県大会の申し込みの確認、県総体結団式の企画運営や準備、県総体開会式の準備や運営、各競技の県大会の準備や運営と仕事が休みなく続きます。関東大会や全国大会出場が決定した生徒の出場に関わる参加申し込み、交通手段の確保、宿の手配、市教委や中体連への申請書類の作成と提出、交通費や宿泊費などの書類準備等、学校の業務が休みとなるお盆期間でも仕事があります。

加えて、その当時附属中学校では九月中旬に行われる公開研究会に向けて、研究紀要や指導案の作成が夏休み期間にありました。また、生徒たちが県内の広範囲に在住しているため、家庭訪問も夏休み中に行われていました。勤め始めてからの三年間は毎日辞めたくて仕方がありませんでした。

毎日ほぼ十六時間勤務だったと思います。附属中学校の当時の教員室は、修行の場と言われながらも、とても居心地が良くない場所だと思います。五年目までは毎年転勤希望を書いていたことを覚えています。

家庭を省みることもできず、妻に三人の娘の面倒を全てみてもらっていました。子どもが好きで、早く自分の子どもを持ちたかった私ですが、長女が幼稚園に入園すると、同時に附属中学校へ勤務することになったため、三人の娘が一番可愛かった時期に一緒に過ごす時間がなかったことを今でも後悔しています。私のような思いを、他の先生方には絶対にしてほしくないです。

附属中学校では、公開研究会に向けて研究紀要や学習指導案を何十回も書き直しました。また、「部活動をする学校ではない」と言われたこともありました。しかし、四年目からの校長先生、五年目から副校長先生の導きにより、附属中学校での教師としても自分の役割を何とか果たすことができるようになってきました。家族には不憫な思いをさせていたと思いますが。

六年目には、同僚の先生が大腸がんになってしまい、当時の校長先生、副校長先生から相談を受けることがありました。休みなく想像を絶する時間を働いている教師は、いつ病気になってしまってもおかしくはありません。

事情と状況を理解した私は、校長先生、副校長先生の命を受け、幼い頃からお世話になっていた当時の群馬大学学長と柔道部ＯＢで医学部の教授をされていた先生に助けてほしいとお願いをしに行ったことがありました。同じ群馬大学で命がけで仕事をしている教員の仲間の命を救ってほしいと。

お願いした時、群馬大学医学部柔道部のＯＢの先生に救っていただいた父の姿と同僚の先生の姿が重なり、涙を流しながら懇願した記憶があります。お二人の先生がすぐに動いてくださり、早急に手術をしていただくことができました。

その先生は、今ではすっかり元気になり市町村の教育委員会で活躍されています。

そんな厳しい職場環境でも八年間頑張って勤めてこれたのは、教師としての私を信じてくれた生徒の皆さんと温かく見守ってくださった保護者の皆さん、職場の仲間、そして何より家族のおかげです。

現在、附属中学校では、教員の働き方改革が率先して行われていて、残業手当もつく学校になり、素晴らしい労働環境になったようです。本当に良かったと思います。

私がした辛く苦しい日々を送るような生活をする先生方を、二度と見たくないと思っています。

教育実践研究推進だけでなく、教員の働き方改革でも、群馬県内の最先端の学校になることを切に願っています。

保健体育科学習指導案（１年●組）

平成２１年●月●●日（●曜日）　第Ⅱ校時（１３：００～１３：５０）　武道場

指導者　小川　真太郎

授業の視点

創作ダンスの作品をつくる際、保健分野の「情意機能の発達」で身に付けた知識を活用しながら、「私は風－心のうちを表現しよう－」を小テーマとして、心のうちを素直に表させたり、それぞれの動きを見いださせたりすることは、作品をよりよい表現にしていくために有効であったか。

Ⅰ　単　元　　創作ダンス　【領域：ダンス】

１　考　察

○ダンスは、「創作ダンス」「フォークダンス」「現代的なリズムのダンス」から成り立ち、イメージを表現したり、踊りを通した交流を行ったりすることで、仲間とのコミュニケーションを豊かにすることを重視する運動である。その中でも創作ダンスは、様々なテーマから自己の表したいイメージをとらえ、動きに変化をつけて即興的に表現することや、変化のあるひとまとまりの表現をできるようにすることをねらいとしている。

この創作ダンスは、第一に、テーマに応じて自己や集団のイメージを基に、動きの構成を練りながら仲間と協力して作品づくりに取り組んだり、仲間と感じを込めて踊ったりすることを通して、楽しさや喜びを味わい、作品づくりに意欲的に取り組もうとする姿勢や仲間のよさを認め合おうとする態度などを身に付けることができる。第二に、テーマに応じて、保健分野での既習の学習事項や日常生活での多様な経験を振り返り、作品の中に取り入れていくことによって、自己のイメージをまとめたり、表現方法を工夫したりする力を培うことができる。第三に、作品での構成に沿って踊ることによって、身体を柔軟的に動かしたり、リズムに合わせて巧みに動かしたりするダンスにかかわる技能を高めることができる運動である。第四に、テーマに応じた作品づくりや互いの発表を行い、見合うことを通して、身体表現が心身に与える影響や自己表現としての創作ダンスの特性、学習の進め方、発表や鑑賞の仕方などを理解することができる運動である。

生徒は、小学校第５学年及び第６学年で表現運動として表したい感じを表現したり踊りの特徴をとらえたりして踊ることの楽しさや喜びに触れてきた。中学校本学年及び第２学年では、感じを込めて踊ったりみんなで踊ったりする楽しさや喜びを味わい、イメージをとらえた表現や踊りを通した仲間との交流を行っていく。その後、第３学年では、感じを込めて踊ったり、みんなで自由に踊ったりする楽しさや喜びを味わい、イメージを深めた表現や踊りを通した交流や発表ができるようにしていく。

○本単元に関する生徒（男子20人、女子20人、計40人）の実態を事前のアンケートや教師による観察から次のようにとらえた。ダンスに関心や意欲が高い生徒は26名であり、その理由としては「パラパラなどアップテンポの音楽に合わせて踊ると自然に体が動いて踊るのが楽しいから」「リズムの早い曲に合わせた動きを考え、みんなでできると嬉しい」「自分を忘れることができるから」などと答え、中には「エグザイルのダンサーの動きがすごく格好いいから」「ヒップホップ系のダンスは見ていて格好いい」などという意見もあり、現代的なリズムのダンスに魅力を感じている生徒が多い。しかし、10名の生徒は「自分は恥ずかしくて人前で踊れない」「自分だけ間違えると目立つから踊りたくない」などの記述から、ダンスを踊ることに対して、恥ずかしさや不安をもっている生徒もいる。また、4名の生徒は「言葉でなく、仲間と共に体を使って表現することができるから」「自分の気持ちを自分なりに他の人にアピールすることができるから」など、創作ダンスにかかわる記述や仲間とのかかわりについての記述なども見られることから、仲間とかかわりながら自己のイメージを表現していく活動の楽しさや喜びを感じている生徒もいる。思考・判断の面では、自己のイメージを表現するために必要なことはという質問に「自分なりのダンスを作る」「そのものの気持ちになる」など７名の生徒が具体的な考えをもっている

- 23 -

が、その他の生徒は、記述内容から具体的な考えを見いだせていないと考えられる。そのため、保健分野での既習の学習事項や自己の経験を振り返ることを生かし、自己のイメージをまとめ、作品の中に取り入れていくことによって、自己のイメージをまとめたり、表現方法を工夫したりすることができるようにしていくことが必要である。また、ダンスの技能については、宿泊行事で行った「だんべえ踊り」の様子から、多くの女子生徒は自己の身体を柔軟的に動かしたり、リズムに合わせて巧みに動かしたりすることができる。しかし、男子生徒の多くは関節の可動域が狭かったり、早いテンポに合わせてリズミカルに体が動かせないため、動きが小さくなってしまったり、ぎこちない動きになってしまう。これは、柔軟性を高める運動やリズミカルな動きをする運動の経験が少ないためだと考えられる。知識・理解面では、フォークダンスや現代的なリズムのダンスのロックやヒップホップの曲で踊るダンスは半数以上の生徒が知っていたが、表現としての創作ダンスを理解してる生徒は6名である。また、多くの生徒が、イメージにふさわしい動きの表現方法や、発表や鑑賞の仕方などを理解していない。

2　目　標

○テーマに対する自己のイメージを身体での動きで表現し、互いのよさを認め合いながら一人一人の動きを工夫して「はじめ—なか—おわり」のひとまとまりの作品を創作することができる。

3　評価規準

○自ら進んで、自己のイメージを表現しようとしたり、仲間のよさを認め合いながら、分担した役割を果たそうとしたりしている。　（運動や健康・安全への関心・意欲・態度）

○テーマに応じて、保健分野での既習の学習事項や日常生活での多様な経験を振り返りながら自己のイメージをまとめたり、表現の方法を工夫したりしている。
（運動や健康・安全についての思考・判断）

○自己や集団のイメージを、身体を柔軟的に動かしたり、巧みに動かしたりしながら作品として表現している。　（運動の技能）

○イメージにふさわしい動きの表現方法や自己表現としての創作ダンスの特性、発表や鑑賞の仕方などを理解している。　（運動や健康・安全についての知識・理解）

4　指導方針

○本校保健体育科の研究主題「健康の保持増進のための実践力を身に付け、健やかな体を育む生徒の育成」に迫るために、本題材では、保健分野の学習で身に付けた知識や課題とその解決方法を見いだす力を活用しながら、意志決定や行動選択を行い、自己の生活をよりよく改善していくことができるようにしていく。

○「運動課題設定」の段階では、「私は風－心のうちを表現しよう－」という小テーマを提示し、自分を「風」に置き換えて「喜び、愛情、興奮」「怒り、恐れ、不満」などの感情に対する創作活動を行わせることにより、保健分野の「情意機能の発達」で身に付けた知識を活用しながら小テーマに対する自己のイメージや動きをスムーズに見いだすことができるようにする。

○「学習計画の立案」の段階では、「私は天気－心の変化を表現しよう－」というテーマを提示することにより、「運動課題設定」の段階で見いだした小テーマ「私は風－心のうちを表現しよう－」での創作活動を生かしながら、「はじめ—なか—おわり」の簡単な作品構成を行うことで自己の表現をより確かなものとしていけるようにする。

○「運動課題の追究と学習計画の修正」の段階では、自己や集団での意志決定や行動選択を行う場面を設定し、作品での自分たちの表現方法や、各個人のそれぞれの動きの様子などを共通理解しながら自己評価や相互評価を行い、必要に応じて新たな意志決定や行動選択を考え、作品の構成を修正したり、表現の様子を確認したりしていくことができるようにする。

○自己の思いやイメージから見いだされる動きの様子を学習カードに言葉で記述し明確にさせておくことによって、自己の思いやイメージを具体的に表現できるようにする。

○感情が表れるような音やリズムを取り入れることによって、心の変化をスムーズに表現したり、感じを込めてみんなで楽しく踊ったりしながら、自己の心身の変化に気付いたり、心身の解放を体験したりすることができるようにする。

○評価の場面では、心身の変化について自己評価を生徒同士で互いに確認できるように、自己の表現を検証する「自己表現評価カード」を用いる。そして、この「自己表現評価カード」を生かしながら自己の表現活動の様子を振り返ったり、自己の表現活動における意志や表現の妥当性を他の生徒と比較させたりして、互いの自己表現を相互に確認できるようにする。

○「学習のまとめ」の段階では、発表会を位置づけ、祭典性を含んだ発表会形式の開催を設定する。また、この発表会では、あらかじめ示されている審査基準に従って自分の表現が他の生徒によって評価されることによって、ダンス発表会のイベントに出場したような気分を味わわせ、創作した自分たちの作品が、他の人に認められる喜びや充実感などの感動が体験できるようにする。

○作品構成に取り組むグループ編制を５人の少人数で行うことで、一人一人の自己表現の時間を確保したり、VTRの録画機能を用いて自分たちの表現を振り返ることによって、同じ作品構成に取り組むグループ内で互いにアドバイスし合えるようにする。また、鑑賞者の役割を交代で行うことにより、生徒を中心とした自主的な活動や作品の向上がより活発に進められるようにする。

○自己のイメージがスムーズに表現できていない生徒については、グループの仲間の範例的な演技を参考にさせることで、自己のイメージに応じた動きを見いだすことができるようする。

○自己のイメージがスムーズに表現できている生徒については、範例的な演技をさせて他の多くの生徒から認めさせることで演技する喜びや楽しさを体験させたり、更に表現がより美しくダイナミックにできるように取り組ませたりしてダンスへの意欲を高めさせるようにする。

５　指導計画（10時間予定）

時	主な学習活動の流れ 【教材・指導の工夫】	習得させる知識・技能等	●活用させていくための手だて(視点・発問含) ○配慮事項 【⬅ 活用する知識や技能】【➡ 今後活用される場面】
1	**「学習内容の把握」**の段階（オリエンテーション） ○ダンスの特性に関心をもち、学習内容や進め方を把握する。 【視聴覚資料、ダンス授業資料】	○ダンスの特性にかかわる知識 ○ダンスの学習の進め方	○創作ダンスやヒップホップのリズムに合わせたダンスの VTR を鑑賞させることによって興味・関心を高め、ダンスの特性を理解させる。 ○学習計画表を配布し、ダンスの学習の進め方を理解させる。
3 本時はその3	**「運動課題の設定」**の段階 ○基本的な表現方法を把握する。 ○「私は風－心のうちを表現しよう－」を小テーマとして「喜び、愛情、興奮、」「恐れ、怒り、不満」に対しての自己のイメージを明らかにし、身体での様々な表現方法を見いだす。 【テーマ提示カード、音響教材、学習カード】	○創作ダンスでの基本的な身体表現 ○自己のイメージをまとめる力 ○身体を用いての様々な表現方法	○基本的な身体表現「走る、止まる、」「集まる、とびちる」「とぶ、まわる」を理解させる。 ●「私は風－心のうちを表現しよう－」を小テーマとして「喜び、愛情、興奮、」「恐れ、怒り、不満」に対した表現を行わせることによって、保健分野の「情意機能の発達」で身に付けた知識を活用しながら多様な表現方法を見いださせる。 【⬅ 保健分野の「情意機能の発達」で身に付けた知識】 【➡ 作品を構成していく場面】
2	**「学習計画の立案」**の段階 ○「私は天気－心の変化を表現しよう－」というテーマに対する自己のイメージをまとめ、これに応じた身体での表現を見いだし、「はじめ―なか―おわり」のひとまとまりの作品を構成する。 【作品構成カード】	○既習の学習事項や日常生活での多様な経験 ○自己のイメージをまとめたり、表現方法を工夫したりする力	●「私は天気－心の変化を表現しよう－」をテーマとして「運動課題の設定」の段階で見いだした「喜び、愛情、興奮」「、恐れ、怒り、不満」に対する各表現方法を活用させることによって、スムーズに作品を構成できるようにする。 【⬅ 保健分野で身に付けた知識を活用して見いだした多様な表現方法】 【➡ よりよい作品を練りるあげる場面】
3	**「運動課題の追究と学習計画の修正」**の段階 ○テーマに沿って構成した「はじめ―なか―おわり」のひとまとまりの作品をつくりあげる。 【視聴覚資料、自己表現評価カード】	○身体を柔軟的に動かしたり、巧みに動かしたりする能力 ○構成した作品をよりよい作品にするために見直したり修正したりする力	●「自己表現評価カード」に自己の表現活動の様子を振り返らせ、自己の表現活動における意志や表現の妥当性を他の生徒と比較させることによって、互いの自己表現を相互に確認し、よりよい作品をつくらせる。 【⬅ 自己のイメージから見いだした多様な表現方法】
1	**「学習のまとめ」**の段階 ○つくり上げた作品を発表し合い、互いの成果を認め合う。 【学習カード】	○仲間のよさを見いだす力 ○分担した役割を遂行する力 ○仲間の発表を評価する力	○他の生徒の発表を採点基準に従って評価させることによって、互いの成果を認め合うことができるようにする。

Ⅱ　本時の学習指導

1　目　標　「私は風－心のうちを表現しよう－」を小テーマとして表現を考えることを通して、保健分野の「情意機能の発達」で身に付けた「感情の発達」の知識を生かしながら、自己のイメージに応じた様々な動きを見いだす。

2　準　備　ラジカセ、延長コード、タンバリン、笛、筆記用具、学習ファイル、個人学習カード、ホワイトボード

3　展　開

※○は指導上の留意点、●は特に本授業で重点をおいて行う活用させるための指導・支援や教材の工夫を示す。
※「⬅」は活用させるもの、「➡」は今後活用されていく場面を表す。
※◇は「補充的な学習」、◎は「発展的な学習」のための指導・支援を表す。

ねらい（時間）	生　徒　の　活　動	支援及び留意点・評価
1　本時の学習内容を把握させ見通しをもたせる。 （3分）	○教師の話から本時は、保健分野の「知的機能、情意機能、社会性の発達」「自己形成」「心と体のかかわり」で身に付けた知識を生かしながら、自己のイメージをまとめ、様々な身体表現の方法を見いだすことを確認する。	○本時の活動を説明する際は、以下の点に留意した活動となるよう促す。 ・自己のイメージを言葉や身体で互いに楽しみながら表現し合うことができるようにする。 ・健康面や安全面に配慮しながら取り組めるように、互いにグループのメンバーの様子や状態、練習場所の周辺の安全確認を行わせて取り組ませるようにする。
2　準備体操・ダンスウォームアップを行わせる。 （12分）	○体育委員を中心に、準備体操やストレッチ、全体でダンスウォームアップを行う。 ・ストレッチ：手、足、腰、首など ・ダンスウォームアップ ・リーダーにつづけ	○準備体操に加えて互いの体の調子に気付くようにストレッチを行わせる。また、怪我の防止になるよう、首、手首、足首、股関節部分などを十分に行うよう指示する。 ○アップテンポの音楽に合わせてダンスウォームアップを行うことによって、みんなで楽しく踊ったりしながら、自己の心身の変化に気付いたり、心身の解放を体験したりすることができるようにする。
3　提示された小テーマに沿って様々な動きを見いださせる。　（20分）	○各グループに、提示されたそれぞれの小テーマに対しての自己のイメージを明らかにし、身体での様々な表現方法を見いだすことを確認する。 ○提示された「私は風－心のうちを表現しよう－」という小テーマに沿って「喜び、愛情、興奮」「怒り、恐れ、不満」などの感情に対する「喜び、愛情、興奮」「怒り、恐れ、不満」に対する自己の動きのイメージを文章で表し、それぞれの動きを見いだす。 「喜び、愛情、興奮」の例 ・喜び：リズミカルに、伸びやかに ・愛情：ゆっくり、静かな ・興奮：激しく、小刻みに 「怒り、恐れ、不満」の例 ・怒り：強く、大きくなど ・恐れ：下向きに、重い ・不満：暗い、不規則なテンポで	●自分を「風」に置き換えて「喜び、愛情、興奮」「怒り、恐れ、不満」などの感情に対する自己の動きのイメージを、学習カードに言葉で表記させることによって、心のうちを素直に表したり、それぞれの動きをスムーズに見いだしたりすることができるようにする。 【⬅ 保健分野の「情意機能」で身に付けた知識】 【➡ 作品を構成していく場面】 【思】「喜び、愛情、興奮」「怒り、恐れ、不満」などの感情に対する自己のイメージから、身体での様々な動きを見いだしている。　（学習カード、観察） ◇タンバリンでそれぞれの感情に合ったリズムを取ることで、動きのテンポを考えていけるようにする。 ◎見いだした動きを更に大きく見せるように工夫させることによって、よりメリハリのある動きになるように促す。
4　見いだした動きを2グループごとにそれぞれ交互に発表し合い、互いの動きを確認できるようにする。 （10分）	○小テーマに沿って見いだした「風」としての「喜び、愛情、興奮」「怒り、恐れ、不満」に対するそれぞれの動きを2グループごとにそれぞれ交互に発表し合い、互いの成果を認め合う。 「喜び、愛情、興奮」の例 ・体を柔らかに、そして伸びやかに動かしながらゆっくりと歩き回ることで、やさしい「風」として「愛情」が表現できていたと思う。 「怒り、恐れ、不満」の例 ・体全体でジタバタしながら、なかなか吹き出すことができない（走り出すことができない）様子が、「風」として「不満」をうまく表現できていたと思う。	●自己の発表の様子を振り返らせ、自己の動きを他の生徒と比較させたりすることによって、互いの自己表現を相互に確認し、成果を認め合えるようにする。 【⬅「喜び、愛情、興奮」「怒り、恐れ、不満」に対する自己のイメージから、見いだした身体の動き】 【➡ 作品を構成していく場面】 【技】自己のイメージを、身体を柔軟的に動かしたり、巧みに動かしたりしながら表現している。 （学習カード、観察） ◇考えられた感情の中から一つに着目させ、動きを見いださせ発表させる。 ◎互いに発表した動きを次時の作品づくりに生かしていけるように、それぞれの動きの特徴をまとめさせる。 ○それぞれの発表の終了時に、拍手を行うよう促し、互いの発表を賞賛し合うようにする。
5　本時の活動を振り返り、次時に対する目標をもたせる。　（5分）	○本時の活動を振り返り、まとめと自己評価を行う。	○グループのメンバー全員で取組みの評価活動を行うことによって、本時の取組の様子を確認させ、次時への意欲をもたせる。 ○授業終了時での後片づけの内容を確認させ、確実に後片づけを行わせるようにする。

◆前橋市立箱田中学校で

一年目、女子体育の先生が、当時の校長先生に「校長先生、校庭にエアコンを付けてください。教室の授業を行っている先生方と同じ環境にしてください」と言ったことを今でも覚えています。教室内の授業を行っている先生方よりも授業時数が多い上に、猛暑の過酷な環境の中で一日四時間以上体育の授業を行わなくてはならない状況だったからです。

二年目からは十三学級の保健体育の授業を二人の保健体育の教員で持たなくてはならず、保健体育の授業約二十時間と担任としての道徳・学活・総合の四時間で計二十四時間の授業をしていました。

正直、肉体的には非常にきついものがありました。しかし、三十代だったことと職場の仲間や子どもたちに恵まれ、毎日が楽しくて仕方ありませんでした。

中学校で初めて一年生から三年生まで、担任として持ち上げさせていただくことができました。生徒たちの卒業後や将来のことを考え、全身全霊、全力で向かい合い、寄り添い走り回っていたのを今でも鮮明に覚えています。

チーム箱田として、学校全体で取り組んだ駅伝活動や市中体連開会式への行進練習での教育効果は本当に素晴らしいものであったと思います。そして、最大のイベントともいえる修学旅行での座禅活動で、生徒たちが住職に褒められ大きく成長する場面に立ち会えたこともありました。

　管理職や同僚、そして何より生徒や保護者の皆様に恵まれ、自分自身が一番充実した四年間を過ごすことができました。

保健体育科学習指導案

平成２４年●●月●●日　３校時

場　所：校　庭　　クラス：３年●・●組

指　導　者　　小　川　　真　太　郎

授業の視点

自己のチームの特徴を生かした作戦で相手チームから得点を取るために、ゲーム中に話合い活動を取り入れ、お互いにアドバイスし合ったことは有効であったか。

Ⅰ　単元名　　サッカー【領域：選択球技】

Ⅱ　単元の考察

（１）運動の特性(教材観)

球技は、集団対集団、個人対個人の対戦形式でボールをめぐる攻防を展開し、得点を取り合うことで勝敗を競い、ゲームを楽しむ特性を持つ運動である。この球技では、作戦を活用して攻防する過程や勝敗の結果に楽しさや喜びを味わうことができるようにすることが大切である。

本単元のサッカーは、同じコート内で相対する２つのチームが、キックやドリブルなどの個人的技能や連携プレーや組織プレーなどの集団的技能をもちいて、得点を奪い合い、攻防を展開することによってゲームを楽しんだり、チームの課題や自己の能力に適した課題の解決に取り組んだりする運動である。

このサッカーは、技能レベルを問わず攻防を展開するゲームを成立させることができるため、誰でもゲームを楽しむことができ、関心や意欲を高めることができる。生徒同士で技能での課題を指摘し合ったり、教え合ったりすることによって、信頼関係を育みながら技能習得に取り組むことができる運動である。

そして、自分たちのチームの特徴を捉えた戦術を考えたり、チームでの作戦を成功させるための課題を明らかにして追究していくことにより、課題を解決するための練習を考えたり、練習を工夫しようとする力を身に付けることができる。

また、パスやドリブルなど普段行うことない足でボールをコントロールすることによって身体の操作能力を高めることができる。ゲーム時など広いコート内を休まず動き回り、ボールの動きに対応して瞬時に反応してダッシュとストップ、ツイスト、ターン、ジャンプなどの全身を使う動作から、筋力や持久力など多用な運動能力を養うことができる。

さらに、チームメイトと互いに励ましあったり、協力してプレーすることで、自分の存在価値や仲間との協調性の大切さを実感し、仲間との連帯感を理解することができる。加えて、試合の審判やゲーム運営の準備、係活動を行うことによってルールや審判の仕方、記録・掲示に関する基礎的な知識を身に付けることができる。

（２）生徒の実態

本単元に関する生徒（男子 42 人）の実態を事前のアンケートや教師による観察から次のようにとらえた。

サッカーに関心や意欲が高い生徒は 29 名であり、理由としては「パスしたりシュートしたりするのが楽しい」「軽快な足さばきで相手をぬくのが楽しそうだから」「シュートが決まると楽しい」「作戦が成功すると楽しい」「盛り上がるところ」などと様々な意見があり、得点が決まった喜びや集団的技能の達成感とともに友達とのふれあいの中で楽しさを見つけることができる生徒が多い。

思考・判断の面では相手チームに勝つために攻防の両場面でも作戦が必要と答えた生徒が１４名であった。しかし、具体的な攻撃や防御の作戦を理解している生徒は少なく、作戦に応じた適切なポジションを取ってしまうことが見られる。そのため、自分たちの技能の状況やチームの特徴をしっかりとらえ、課題を見出し、課題を解決するための練習の仕方を工夫したり、作戦に応じて適切なポジ

保体３の－３－

ションを考えさせる必要がある。

サッカーの技能については「足でボールが上手く扱えない」などボールを上手にコントロールできない生徒が11名いた。このような状況で作戦の練習ばかりを行ってしまうと、それに偏ってしまい、生徒の中には苦手意識を高めてしまう恐れがあると考えられる。そこで、基礎的な練習をもとに、一人一人がボールコントロールの技能をしっかりと身に付け、チーム内でのパスワークを高めるなど基礎的技の確率を図る必要がある。また、シュートが決まる魅力に惹かれ、「シュートを決めたい」「セットプレーで得点を決めたい」と考えている生徒が25名と多く見られた。そのため、ゲームの中で攻撃面での作戦がしっかり活用できるように、得点につながる技術の構造を理解して練習に取り組ませる。

知識・理解面ではシュートや、パス、ハンドなどよく耳にする技能は半分以上の生徒が知っていたが、オフサイドトラップなど名称は知っていても具体的なルールの内容は知らないなどの生徒が数名見られた。そのため、基礎的の知識を学ぶことのできる時間を設けたり、自分たちで審判を行いルールをしっかりと理解する必要があると考えられる。

（3）教材の系統

本単元でサッカーの学習を通して自己や自己のチームの能力に応じた練習方法を工夫したり、安全に留意して練習の仕方やゲームの進め方を身に付けたりすることは、自らの健康や体力を意識して運動を実践しようとする意欲や態度を養うことにつながる。

生徒は小学校5・6学年でボール運動としての学習を行い、チームや自己に適した課題をもって運動を行ったり、個人や集団での技能を身につけ、簡単な作戦を生かしてゲームを行ってきた。これらの経験を生かし、中学校1・2年生ではさまざまな球技の単元で、種目に応じた学び方を経験し、課題を見つけたり、練習を工夫したり、作戦を活用したりして練習や運動に取り組む力を身に付けてきている。本学年の球技では、前述のような学習や学び方を振り返り、領域内選択の中でサッカー・バスケットボールを選択し、より複雑で高度な攻撃や防御の作戦を立て、ゲームの中で確実に行う力を身につけてゆく。

Ⅲ　指導目標

○サッカーの特性を理解し、チームや自分の能力に適した練習の仕方を工夫するとともに、チームの技能の状況に応じた作戦を活用してゲームを楽しむことができる。

・チームメイト同士での相互評価や教え合いを通して、チームワークを高めながら、個人的技能や集団的技能を高める力を養う。

・自己の責任を果たし協力しながら工夫した練習に取り組み、ポジションや攻防の仕方を工夫しながらゲームを楽しむ力を身に付けさせる。

Ⅳ　評価規準

① チームの技能の応じた作戦を積極的にゲームに取り組もうとするとともに、審判の指示に従いながら公正な態度でゲームを行っている。　（運動や健康・安全への関心・意欲・態度）

② 自分やチームの技能の習得状況に応じた作戦を立ててゲームをしたり、運動課題を明らかにし、その解決に向け、練習を工夫したりしている。　（運動や健康・安全についての思考・判断）

③ 自分の考えたところにボールをパスをしたりシュートを打ったりするとともに、チームで協力しながら組織的な攻撃を取り入れゲームを行うことができる。　（運動の技能）

④ サッカーの特性や学習の進め方、練習の工夫の仕方や練習計画の立て方を理解している。
（運動や健康・安全についての知識・理解）

Ⅴ　指導方針

○本単元の球技では、体育のカリキュラムと学習指導方法を包括したプログラムモデルであるスポーツ教育モデルの授業実践を取り入れることによって、学校体育の基本理念とされている「みんなのスポーツ」「生涯スポーツ」の実現を目指し、知識や技能、勝敗を競い合うことに加えて「集うことの楽しさ」を味わえるようにする。

○チームのメンバーを固定することによって、メンバーシップが確立できるようにするとともに、それぞれのメンバーに与えられた役割に対して期待された行動や取り組みの様子などのできばえが「関心・意欲・態度」面での評価の参考となるようにする。
○大会形式のクライマックスのイベントを学習のまとめに位置づけることによって、大会に出場したような気分が味わえるようにし、スポーツのすばらしさや感動を幅広く体験できるようにする。
○少人数のチーム編成を行い、人数に応じてコートの広さを狭め、ハンドボールゴールを利用することにより、一人一人のボールに接する時間を確保するようにする。
○実技の教科書（図解体育）や模範演技、技能のポイントの説明を活用することによって、パスなどの個人的技能、作戦を使った攻撃などの集団的技能の構造が理解しやすいようにする。
○組織的な攻撃や防御の戦術等を習得するときは、段階を追って個人的技能の反復練習を行うことによって、確実に行えるようにする。
○各チーム内で推薦されたメンバーが各チームのリーダーシップをとるキャプテン、技能・戦術面のアドバイザーであるコーチとすることにより、生徒を中心とした自主的な活動や技能の向上がより活発的に進められるようにする。
○チームの特徴を生かした作戦で得点を取れるように、ゲーム中に話合い活動を取り入れ、チームメイトの各ポジションの役割や動きを確認できるようにする。

Ⅵ　指導計画（８時間予定、本時は５／８）

主な学習活動	時間	評価項目　（評価方法）
１.「学習内容の把握」の段階（オリエンテーション） サッカーの特性に関心を持ち、今後の学習内容や進め方を把握する。	1	【技】今持っている技能を発揮し積極的にゲームを行っている。（ゲーム記録カード、観察） 【知】サッカーの特性や学習の進め方を理解している。（学習カード）
２.「運動課題の設定」の段階 自らの課題を明らかにし、その課題解決のために練習を探る。	1	【関】サッカーの特性に興味をもち、進んで学習しようとしている。（学習カード、観察） 【思】自分やチームの技能の状況を理解し、課題を明らかに把握している。（学習カード、観察）
３.「学習計画の立案」の段階 課題を解決するための練習方法を選んだり、考えたりして練習計画を立てる。	1	【思】課題に応じ、それを解決するための練習の仕方を理解しその方法を選択している。（学習カード、観察）
４.「運動課題の追究と学習計画の修正」の段階 練習やゲームを行い、学習計画や練習方法を見直したり工夫したりして、課題を克服する。	3 (本時)	【関】チームでの係の活動に取り組み、役割を自覚し協力しあって練習やゲームに取り組んでいる。（学習カード、観察） 【技】パスやドリブルなどを用いて、自由にボールをコントロールすることができる。（観察） 【知】サッカーの技術の構造、ルール、合理的な練習の仕方を理解している。（学習カード）
５.「学習のまとめ」の段階 向上した技能を活用してゲームに取り組み、互いの成果を認め合う。	2	【関】審判の判定に従い、公正な態度でゲームに取り組めている。（観察） 【技】作戦を活用し、連携プレーを使いながら攻防を行っている。（学習カード、観察）

保体３の－３－

Ⅶ　本時の学習（本時は５/８）

１　ねらい　　チームにおける自己の役割を果たしながら、チームの特徴を生かした作戦を活用してゲームを行うことを通して、連携プレーや組織プレーなどの集団的技能を身に付ける。

２　準備・資料　　サッカーボール、コーン、笛、得点板、筆記用具、学習ファイル、チーム学習カード

３　本時の展開

学　習　活　動	時間	指導上の留意点・支援　　評価項目
１　各チームごとに　準備体操・アップ・基礎的技能の練習を行う。 ◇全体で整列して挨拶をする。 ◇各チームでキャプテン、コーチの指示のもと、準備体操やストレッチ、アップの基礎的技能のドリル練習を中心に行う。	10 分	◇本時の活動内容を説明することによって、見通しをもたせる。 ◇健康面や安全面に配慮しながら取り組めるように、互いにチームのメンバーの様子や状態、練習場所の周辺の状況を確認して取り組ませるようにする。 ◇各チームのコーチに技能面で気付いたことをチームのメンバーに伝え、改善のアドバイスをするように指示を行い、協力して合って技能を高め合うことができるようにする。
２　チームの特徴を生かした攻撃パターンをゲームで活用できるよう、練習を工夫しながら行う。		◇技能の目標を伝えることによって、視点をもって課題への取組が行えるようにする。
チームの特徴を生かした作戦をゲームで活用し、得点を取ろう。		
◇本時の目標を理解し、チームの特徴に合わせた作戦をゲームで活用していくことを確認する。 ◇技能の目標を確認し、前時に立てたチームの作戦を確認する。 ◇技能の様子から、チームの特徴を生かした作戦での各ポジションでの一人一人の動きや役割を確認し、工夫しながら練習に取り組む。	15 分	◇チームの特徴を確認するよう促すことによって、自分たちのチームの作戦内容を深く理解できるようにする。 ◇それぞれのチームの作戦が実践しやすいように、それにともなった作戦の練習方法をいくつか提示する。 ○練習中に上手くいかなかった技能について、技能のポイントを振り返らせ、個人の学習カードにまとめさせたり、 技術を何場面かの段階に分けて構造をつかみやすく解説したりして技能を高めさせる。 ○相手チームの攻撃を想定させ、各ポジションの動きとドリブル、パス、シュートを関連させながら行わせることによって、的確にボールをコントロールさせる。 【技】チームの作戦に応じて、パスやドリブルなどを用いてボールをコントロールすることができる。　（チーム学習カード、観察）
３　練習した作戦を生かして、ゲームを行い、チームの特徴を生かした攻撃パターンを実戦の中で活用する。 ◇チームの特徴を生かした作戦を活用しながらゲームを行い、攻防を展開し、得点を取る。 ◇自己の役割の仕事に取り組み、チーム内で協力して試合の運営に取り組む。	15 分	◇それぞれのチームでの役割と仕事の内容を確認させることによって、速やかにゲームの運営が行えるようにする。 ◇ゲームが始まる前に、記録係の準備が整ったかどうか確認をしたり、定期的に記録作業の様子を観察し声かけをしたりすることによって、ゲームでの技能の様子をしっかり記　録させる。 ◇ゲーム中にそれぞれの役割や各ポジションの動きの様子などを話し合いで確認させることによって、得点につながる作戦が実施できるようにする。 ○自己の係の仕事を確認させてから、ゲームに取り組ませるようにする。 ○自己の係活動だけでなく、気付いたことなどを積極的に声をかけ合うよう促し、協力し合ってゲームに取り組ませるようにする。 【関】チーム内での係の役割を自覚し、協力し合ってゲームに取り組んでいる。　（チームチェックカード、観察）
４　本時の活動を振り返り、次時に対する目標を持つ。 ◇各チームごとに本時の活動を振り返り、ポイントシステムの評価・反省を行う。 ◇各チームのキャプテンが本時のゲームでの様子や反省を発表する。	10 分	◇ゲーム中でのそれぞれの役割や各ポジションの動きの様子などを振り返らせることによって、得点につながらなかった原因を考えられるようにする。 ◇キャプテンを中心にチームのメンバー全員でチーム・個人のポイントシステムの評価活動を行うことによって、本時の取組の様子を確認させ、次時への意欲をもたせる。 ◇他チームの課題の状況や様子を伝え合わせることによって、課題解決に向けての意欲を高めるようにする。 ◇授業終了時での各係の仕事内容を振り返らせ、確実に係の仕事を行わせるようにする。

学校全体での体育的活動を通して、活力ある生活の基礎を身に付けた生徒の育成
～「チーム箱田」としての体育的活動の取組から～

群馬県前橋市立箱田中学校　教諭　小川真太郎

1　はじめに

前橋市は、群馬県の中央部に位置し、県庁が所在する人口約３４万人の中核市である。本市は「水と緑と詩のまち」とうたわれているように、利根川、広瀬川をはじめ美しい流れと緑豊かな自然に恵まれ、多くの詩人たちを育んできた。

本校はこのような前橋市の南西にある東地区に位置し、全校生徒４２４名、特別支援学級を含む１４学級の本年度開校３０周年を迎える中規模校である。生徒の実態として、学習や部活動へ意欲的に取り組め、挨拶や返事などが比較的よく行える。また、学力は母集団として前橋市内でも上位群にある学校である。しかし、その反面、物事に対しての集中力や持続力が弱く、体力面でも持久力が前橋市内の学校でも下位群に属している。また、集団の中で速やかに行動することができない生徒も数名見られる。

学習指導要領「総則　第１章　第１の３」（資料１）では「日常生活において適切な体育・健康に関する活動の実践を促し，生涯を通じて健康・安全で活力ある生活を送るための基礎が培われるよう配慮しなければならない。」とあり、健康・安全で活力ある生活の基礎の育成が重んじられている。

本校では、生徒の実態や総則の理念、そして本校の「学校教育目標」や「目指す生徒像」（資料２）から、保健体育科の授業の時間はもとより、学校全体で集団意識を高く持たせ、集団の「和」を大切にしながら様々な体育的活動に適切に取り組ませていくことによって、生涯を通じて健康・安全で活力ある生活を送るための基礎が培われるようにしたいと考えた。

資料１　学習指導要領　総則　第１章　第１の３

総則　第１章　第１の３

学校における体育・健康に関する指導は，児童の発達の段階を考慮して，学校の教育活動全体を通じて適切に行うものとする。特に，学校における食育の推進並びに体力の向上に関する指導，安全に関する指導及び心身の健康の保持増進に関する指導については，体育科の時間はもとより，家庭科，特別活動などにおいてもそれぞれの特質に応じて適切に行うよう努めることとする。また，それらの指導を通して，家庭や地域社会との連携を図りながら，日常生活において適切な体育・健康に関する活動の実践を促し，生涯を通じて健康・安全で活力ある生活を送るための基礎が培われるよう配慮しなければならない。

資料２　前橋市立箱田中学校の学校教育目標（平成22・23年度）

学校教育目標	目指す生徒像
(1)人と環境を思いやり、進んで実践できる生徒	は　はげみ、つとめる生徒
(2)健康を保ち、進んで体を鍛える生徒	こ　こころゆたかな生徒
(3)ねらいを持ち、自主的に学習に取り組む生徒	だ　たくましい生徒

2　研究のねらい

現代社会において、様々な場面で集団や組織として速やかに行動することが求められているが、自己中心的な考えや欲求の強さ、コミュニケーション能力の不足により、集団の中で人間関係が作れず、孤立してしまったり、情熱を失ってしまったりする人がいる。このような問題を解決していくためには学校教育の中において、集団の中で一人一人がしっかりとした考えもって適切な行動がとれるようにならなければならない。生徒たちは将来の社会で、事業所など何らかの集団や組織に所属し、目標や目的に向かい、仲間と協力しながら物事に取り組んでいく。それぞれの集団や組織が掲げる目標や目的を達成していくためには、集団や組織としての理念や信念をしっかりと捉え、様々な人とコミュ

ニケーションを取りながら目標・目的の達成に向けて努力していくことが必要である。

そのため、本校では学校全体を「チーム箱田」という一つの集団として、意識改革を行い、集団意識を高く持たせ体育的活動に取り組ませていく。これによって、体力の向上を図りながら充実した体育的行事を実現していき、実社会の集団や組織で必要とされる一人一人の態度、姿勢、在り方などを育み、活力ある生活を送るための基礎を身に付けさせたい。

3　研究の概要
研究構想図

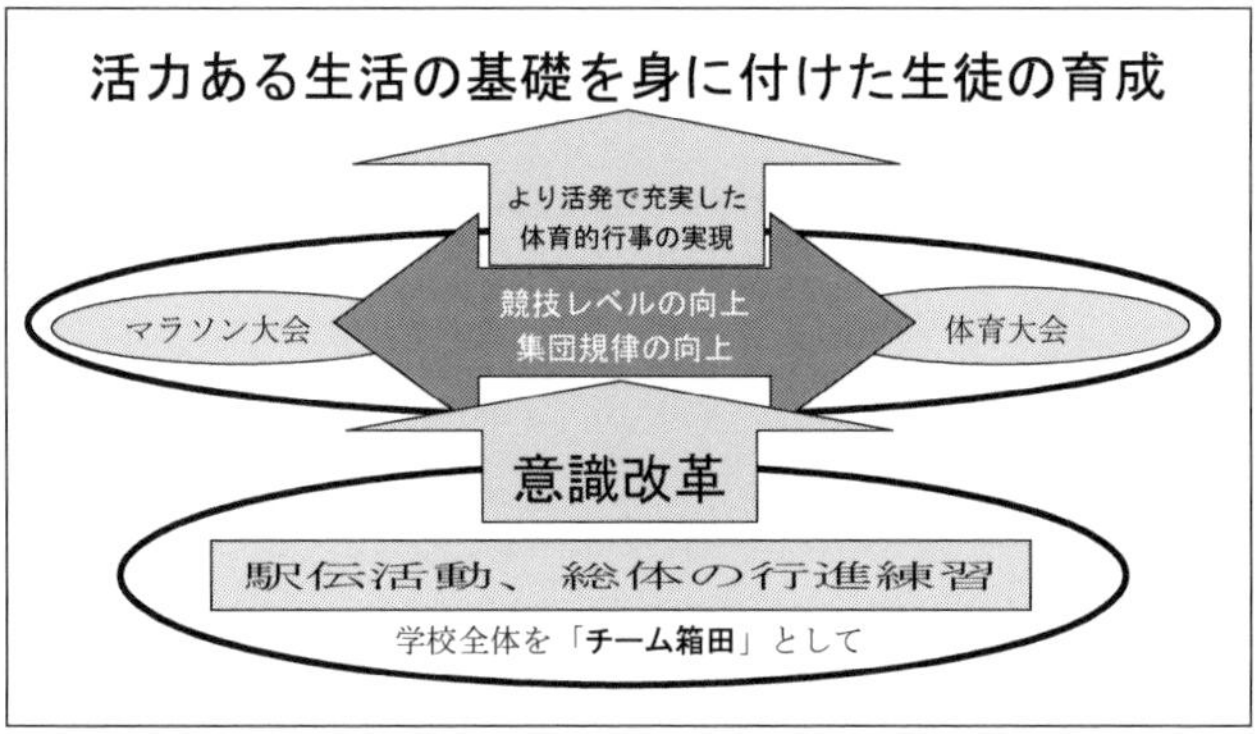

4　研究の実践
（1）前橋市中学校駅伝大会へ向けた「チーム箱田」としての取組
①全校職員による駅伝活動のための組織作り
全校体制での駅伝活動の取組を明確化するために、全教員へ取組の方針についてのアンケート調査を行い、学校としての方向性を検討した。その結果、アンケートの集計に基づき組織的に駅伝の活動を行っていくこととした。学校全体としての組織作りでは、まず役職を定め、校長を顧問、教頭を部長として、以下教員の役割に応じた配置を行った。
②全校集会での呼び掛け
全校集会で「チーム箱田」としての本年度の駅伝活動の意義や価値についてのガイダンスを校長、体育部の教員が行い、「やればできる」「男女県大会出場」を合い言葉に、生徒の意識の改革を図った。そして、ガイダンス終了後、駅伝活動参加希望者を募り、大会までの練習計画、選抜選手の試走計画、大会当日の動きを資料として提示し、生徒一人一人に駅伝活動に対する見通しを持たせた。この結果、参加希望生徒が約２００名となり、開校以来最多の人数で駅伝活動に取り組んでいくこととなった。
③練習計画の立案
校長、教頭、駅伝の朝練習に参加できる教員を中心に大会までの練習の予定や内容を決め、夏休みは毎朝７時から８時までの１時間、２学期は７時１５分から４５分までの３０分と定め、計画的に練習を行った。
④練習参加全生徒で臨む駅伝大会
選手・登録選手を問わず、大会当日は夏休みから練習に参加した生徒を連れて大会会場に臨み、「チーム箱田」として大会会場へ。開会式へも全員が開会式会場脇にしっかりと整列し、選手と同じような参加意識を持たせ、開会式に臨ませた。

応援も大会コースの各場所へ、のぼりを持って配置し、選手に対して絶え間ない声掛けによる応援を行った。

⑤駅伝大会、校内マラソン大会での成果

このような駅伝活動の結果、市駅伝大会では、１８年ぶりに男女で県大会出場を決め、校内マラソン大会では校内新記録が５つ誕生した。

<市駅伝開会式での本校生徒の様子>

<市駅伝大会での本校の様子①>

<市駅伝大会での本校の様子②>

学校通信（平成22年度）　前橋市立箱田中学校「学校だより」

よ　き　学　友　と

平成22年　10月12日　第34号　発行者：校長

男女とも県大会決める！　市駅伝大会ともに8位

9日（土）、前橋市総合運動公園陸上競技場で行われた市総体駅伝大会で、男女とも念願の県大会出場を決めました。あいにくの雨天の中、女子が10時にスタート、各校の強豪がひしめく第一区で金子が好位置で2区角田へ。角田は、最後トラックに入り3、4人を抜くがんばりを見せ3区大橋、4区須田へ。そしてアンカー阿久津が3年生の意地を見せ、最後まで後続の選手を寄せ付けず、8位でゴールイン。見事に県大会への切符を手中にしました。

続いて男子が11時にスタート、女子8位県大会出場の勢いで男子にも期待を込めて皆が見つめる中、激戦区1区で石原が8位の好位置で入り2区山口へ。3区根岸、4区前原、5区高橋の力走で2、3位の上下で好位置をキープするとともに前との距離を縮めてアンカーの橋口へ。前を行く強豪中との距離をさらに縮めて残り500mのデッドヒート、トラックに入りバックストレートで抜かれ、声援がさらに高まる中、あと100mのところで猛然とダッシュして抜き去り8位でゴールイン、男子も県出場を達成。

男子4位、女子7位また、男女ともオープンチームも出場し、こちらも大変よく頑張り、男子が4位、女子が7位の健闘を見せました。

応援の作戦も　この大会へは、一緒に練習に取り組んできた生徒がほぼ全員応援に当たりました。コースに満遍なく応援生徒を配置するとともに、一番苦しくなる最後の上り坂の所に大勢を配し、応援が途切れず選手が力をもらえるよう配慮しました。それぞれの場所での盛んな声援が選手達に大きな力となったことでしょう。

全員で勝ち取った順位　前号でも紹介しましたが毎日100名以上の生徒達が毎日練習を続け、先生方も常に10人以上が一緒に走ったり励ましたりしてきました。少人数ではできない頑張りをこの100名以上の仲間が支え、念願の目標が達成できたのだと思います。"やればできる"箱中生全員で勝ち取った順位です。

区間賞も！祝　女子2区　第3位：角田有貴　男子4区　第3位：前原友希

《Aチームのメンバー》

県大会　11月13日（土）　渋川市総合運動公園陸上競技場及び周辺コース
9:00開会式　女子発走10:00　男子発走11:00

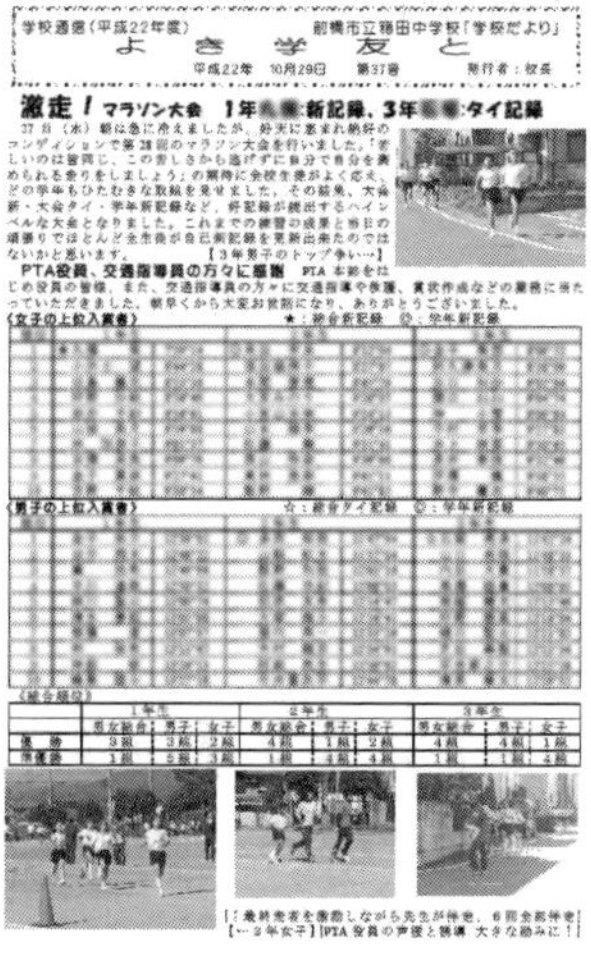

学校通信（平成22年度）　前橋市立箱田中学校「学校だより」

よ　き　学　友　と

平成22年　10月29日　第37号　発行者：校長

激走！マラソン大会　1年[redacted]新記録、3年[redacted]タイ記録

27日（水）朝は急に冷えましたが、好天に恵まれ絶好のコンディションで第28回のマラソン大会を行いました。「苦しいのは皆同じ、この苦しさから逃げずに自分で自分を褒められる走りをしましょう」の期待に全校生徒がよく応え、どの学年もひたむきな取組を見せました。その結果、大会新・大会タイ・学年新記録など、好記録が続出するハイレベルな大会となりました。これまでの練習の成果と当日の頑張りでほとんど全生徒が自己新記録を更新出来たのではないかと思います。

【３年男子のトップ争い…】

PTA役員、交通指導員の方々に感謝　PTA本部をはじめ役員の皆様、また、交通指導員の方々に交通指導や救護、賞状作成などの業務に当たっていただきました。朝早くから大変お世話になり、ありがとうございました。

《女子の上位入賞者》　★：総合新記録　◎：学年新記録

《男子の上位入賞者》　☆：総合タイ記録　◎：学年新記録

《総合順位》

	1年生			2年生			3年生		
	男女総合	男子	女子	男女総合	男子	女子	男女総合	男子	女子
優勝	3組	3組	2組	4組	1組	2組	4組	4組	1組
準優勝	1組	5組	3組	1組	4組	4組	1組	1組	4組

【↑最終走者を激励しながら先生が伴走、6回全部伴走】
【←３年女子】【PTA役員の声援と誘導 大きな励みに！】

<学校だよりでの駅伝大会の報告>

<学校だよりでの校内マラソン大会の報告>

（２）前橋市中学校総合体育大会開会式へ向けて「チーム箱田」としての学校全体での取組

①保健体育の授業での集団行動

教科としての保健体育の授業で、オリエンテーションの内容の集団行動において、姿勢、方向転換、集合・整頓、列の増減、行進の内容を行った。特に行進では、前橋市中学校総合体育大会開会式での行進に向けての意識を持たせるため、昨年度の本校の行進のVTRを視聴し、意識を高めながら動作の確認や練習を行った。

②オーディションによるプラカード、旗手、号令係りの選出

例年、生徒会や体育委員などの中から３学年の教員がプラカード、旗手、号令係りを選出していたが、本年度は「チーム箱田」として生徒たちの意欲や気持ちを全面に引き出すため、希望者による公開オーディションを行い、各役割を決めた。オーディションでは号令に合わせた集団行動、行進の審査を行い、合計得点の高い順に男女の比率を踏まえながら各役割を決めた。

- 3 -

③学校全体での行進練習

学校全体で共通理解が図れた行進指導が行えるように、行進練習の詳細な実施計画を記載したマニュアルを全職員に配布し、同一歩調で指導を行った。また、オーディションによって選出されたプラカード、旗手、号令係りが「チーム箱田」のキャプテン的な役割として練習開始挨拶の号令を掛けたり、全体への声掛けをしたりするなど生徒たちが自ら中心となって全体練習を行った。

④学年集会や放送委員会による校内放映による意識改革

各学年の学年集会では、学年の体育委員が学校単位の「チーム箱田」として行進を行う意義や学校としての目標を発表して、生徒の意識高めた。また、昨年度素晴らしい行進を行っていた他校の VTR や前日に行った自分たちの行進練習の様子を放送委員会が昼食時に校内テレビで放映し、自分たちの上達の様子を確認したり、新たな課題を見い出したりした。

<保健体育の授業での VTR を視聴>

<学校全体での行進練習>

<市総体開会式での本校の行進>

5 研究のまとめ

（1）研究の成果

「チーム箱田」として駅伝活動や前橋市中学校総合体育大会開会式へ臨むことにより、生徒達は何事にも意欲的に取り組む姿が多くなり、活力ある生活に自ら進んで取り組もうとしている様子がうかがえた。駅伝活動では「チーム箱田」としての練習の成果が１８年ぶりの男女県大会出場として結果に現れた。このことが一人一人の自信となり、本年度の前橋市中体連総合体育大会では、本校での県大会出場生徒が４３名と例年の２倍となった。また、２２年度から「チーム箱田」として学校全体で集団行動に意識をおいた指導を実施し、規律ある生活を促してきたことによって、学校行事などでもその成果が現れ、京都で一番厳しい座禅体験と言われている嵐山天竜寺の法務部長より、姿勢、態度、行動に対してのお誉めの言葉をいただくとことができ、生徒たちの自覚が更に高まった。

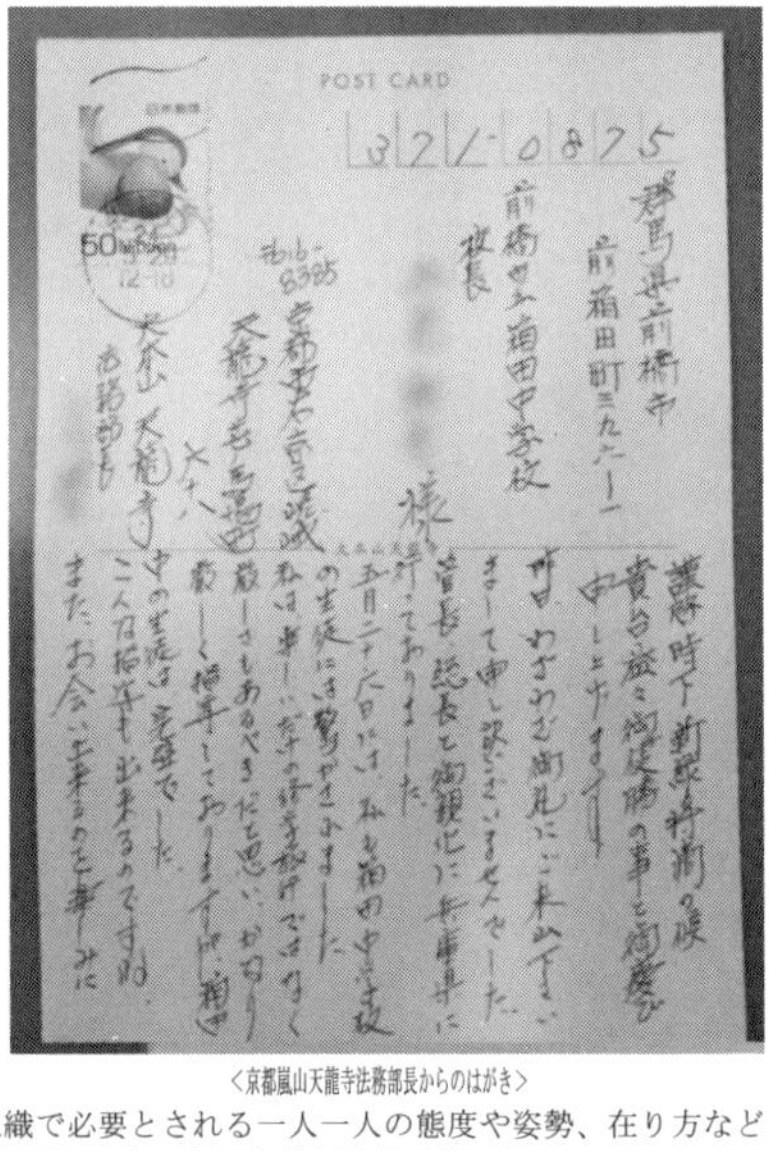

<京都嵐山天龍寺法務部長からのはがき>

以上のようなことから、学校全体を「チーム箱田」という集団として、「和」を大切にするという意識改革を行い、集団意識を高く持たせながら体育的活動に取り組ませていくことは、体力の向上を図りながら充実した体育的行事を実現するだけでなく、実社会の集団や組織で必要とされる一人一人の態度や姿勢、在り方などを育み、活力ある生活を送るための基礎を身に付けていくことに有効な取組であった。

（2）今後の課題

本研究での取組を更に効率よく継続的に行っていくために、人事異動に伴い入れ替わる校務分掌や校内組織図との関連を踏まえ、計画の見直しを行っていく必要があると考えている。

◆群馬県スポーツ振興課で

教育現場から県行政への出向でスポーツプロジェクト推進室マラソン係の配属となり、ぐんまマラソンの競技運営の担当となりました。

人生の中で非常に勉強になり、精神的に一番強くなった勤務経験でした。拙著「ぐんまマラソンのすすめ」では書かなかったのですが、教員から出向した私に対してとても厳しい職場でした。教員の代表として出向した人間として、死に物狂いで仕事をしました。そして、何とか県が関わった初めてのフルマラソンを無事に終えることができました。

スポーツ振興課への二年間の奉職で、自分は教育関係の職務へ異動できると思っていましたが、コースを変更して再公認を所得してもらうために当時の課長や次長から、教育関係の職への人事異動を止めたと言われました。

三年目にコース変更に伴う、日本陸連の再公認も無事に終わり、県主導によるフルマラソンの立ち上げ、コース設定、日本陸連コース公認取得、競技運営、救護、日本陸連コース公認再取得等の三年間の大儀を終えました。

群馬県庁の行政組織を身をもって経験したことで、行政に対していろいろと考えるようになり

ぐんまマラソン

フルのコース一部変更

渋滞緩和 魅力アップへ

6月1日から受け付け開始

ぐんま県民マラソンを改め、今年から新名称で開催される「第26回ぐんまマラソン」（県、前橋市、高崎市、群馬陸上競技協会、上毛新聞社主催）の実行委員会は18日、前橋市古市町の同社で会合を開き、実施計画を決めた。フルマラソンは大会当日の交通渋滞の緩和など地域住民の負担軽減を考え、コースの一部を見直し。県外ランナーも参加しやすいように、競技開始時刻を1時間遅らせた。申し込みは6月1日から受け付ける。

コースが変更されるのは主に4カ所。昨秋に一部区間が開通した西毛広域幹線道路など新設の道路や、利根川沿いの自転車・歩行者専用道路（サイクリングロード）を通るルートを盛り込んだ。

2016年（平成28年）３月19日　上毛新聞より

ました。このような経験から、県庁からの異動時に自分の五十歳を節目に、このような現状を何とかしたいと考え、五十歳を期に、新しいフィールドで仕事をすることを考え始めました。

◆前橋市立南橋中学校で

一年目は体育主任、一年担任で教育現場復帰を何とかこなすことができました。二年目は三年担任で研究主任、柔道部一人顧問、そして群馬県中学校保健体育研究会の事務局を一人で行いました。

二年目の時は、三女も中学三年生の時で、妻も中学校三年所属の教員だったため、家族にも支障が出ていました。三女には、私立の特待試験を単願でお願いした苦い記憶があります。私や自分の家族を犠牲にしてまでも…と思う年でした。

三年目は一年担任で研究主任、柔道部顧問、群馬県中学校保健体育研究会の事務局を再び一人で行いました。

四年目は、新型コロナウイルスに翻弄される一年でした。

五年目は、コロナ禍の中、三年担任で進路指導主事、市中体連柔道部委員長、そして持ち授業数が保健体育十八時間と道徳・学活・総合の四時間で計二十二時間でした。

職員室で自席の机上のパソコンで作業する時間がほとんど取れず、進路通信を作成するのに非常に苦労したことを覚えています。

学年を持ち上げできたこともあったため、修学旅行の担当の仕事や進路と関わり深い総合の授業提案等もあり、学校で落ち着いて過ごすことがほとんどできなかったことを今でも鮮明に覚えています。担任をしているクラスの生徒には、負担をかけてしまっていたと思います。

この年も、非常に過酷な一年でした。その分、何とか無事に卒業生を見届けることができた時は、やり遂げた気持ちでいっぱいとなり、教員をいつ辞めてもよいと思うようになりました。

そして、このまま教育現場の現状で娘たちの世代にバトンを渡すことは絶対にできないと新しい自分の生き方へ進む決意を強くしました。

道徳科学習指導案

平成３０年●●月●●日　第５校時
３年●組　指導者　小川　真太郎

授業の視点
　人間には、「気高く生きようとする心」があることを理解するために、映像資料を視聴し、主人公の言葉の意味や内容、生き方、人間性等を深く考えていく活動を取り入れたことは有効であったか。

Ⅰ　主題名　D − 22［よりよく生きる喜び］
人間には自らの弱さや醜さを克服する強さや気高く生きようとする心があることを理解し、人間として生きることに喜びを見いだすこと。

Ⅱ　主題設定の理由
（1）価値について
　人間には、自らの弱さや醜さを克服する強さや気高く生きようとする心があり、生きることに喜びを見いだすことができる。人間は、総体として弱さをもっているが、それを乗り越え、次に向かっていくところにすばらしさがある。時として、様々な誘惑に負け、やすきに流れることもあるが、誰もがもつ良心によって、悩み、苦しみ、良心の責めと戦いながら、呵責に耐えきれない自分の存在を深く意識するようになる。こうした苦しみに打ち勝って、恥とは何か、誇りとは何かを知り、自分に誇りをもつことができたとき、人間として生きる喜びに気付くことができる。そして、人間として、生きることへの喜びや人間の行為の美しさに気付いたとき、人間は強く、また気高い存在になり得るのである。

　「気高く生きようとする心」とは、自己の良心に従って人間性を重んずる心である。良心とは自己を自覚し、善を行うことを命じ、悪を退けることを求める心の働きである。義務の観念と深く関わり、義務を遂行でき他者との絆を守れたとき本来の自己を取り戻せたとして、喜びを感じる。また、人間としてとの生きる喜びとは、自己満足ではなく、人間としての誇りや深い人間愛であり、崇高な人生を目指し、同じ人間として共に生きていくことへの深い喜びでもある。

　生徒は、毎日の学校生活において、楽しいこと、苦しいこと、悲しいこと等の々のことを経験している。その中でも、課題や問題を解決しながら、常に成長している。このような学校生活の中で、現状に満足せず、気高く生きようとする心の存在に気づき、より良く生きていくために、自己の目標や目的の実現に向けて、更に前向きに努力していこうとする姿勢や態度を、本時の学習を通して育んでいきたい。

（2）児童生徒の実態
　本学級は、男子生徒１９名（通級１名含む）、女子生徒２０名の計３９名からなり、落ち着いて日々の生活や学習に取り組んでいる。生活面では、給食当番や清掃に生徒同士で協力したり助け合ったりして取り組めている。各授業にも真剣に向き合い、自ら進んで学習に取り組めている生徒が多い。

　しかし、他学年に比べ、比較的に積極性に欠けるところがあり、挙手して発言する生徒が少なく、指名されれば答えるという生徒が多い。道徳の授業でも、自分の考えは持っているが発言する生徒が少なかったため、学習カードに記入してから発言するようにしたり、少人数グループの話し合い活動を行ってきたりした成果もあり、自分の思いや考えを表現していくことが、少しずつできるようになってきた。

　本授業に関わる事前アンケートの結果は以下の通りである。

「今、自分が将来やりたい仕事（着きたい職業）がありますか？」という問いでは、２４名の生徒があると答えた。具体的な職業として「医師」「看護師」「薬剤師」「理学療法士」「ソフトウェア開発技師」「客室乗務員」「ピアノ講師」「保育士」「介護士」等を挙げ、自分の将来をしっかりと捉えている生徒も多く見られた。

　また、「人にはよりよく生きようとする心があることを知っていますか？」という問いでは、

- 1 -

１９名の生徒が「知っている」と答えた。自分が考える具体的なこととしては「向上心」「自分をみがくこと」「現状よりも良くしたいと思うこと」「失敗からどうすればいいかと考えること」「自分のためだけでなく、周りの人のために何かをすることで得られるものがある」等と答える生徒がおり、自分なりの具体的な考えを持っている生徒もいた。

更に、「今、自分が一生懸命取り組んでいることは？」という問いでは、ほとんどの生徒が「勉強」と答えた。中学３年生として、現在受験に前向きに取り組んでいる生徒がほとんどであった。

そして、「今、自分の生きがい（日々の楽しいこと、充実していると感じていること等）を書いて下さい。」という問いでは、「友達との会話」「友達と遊ぶこと」「友達とゲームをすること」「読書」「音楽を聴くこと」「アニメ鑑賞」等仲間と過ごす時間や趣味のことを挙げる生徒がほとんどであった。しかし、「テストに向けて勉強を頑張ることとその結果」と努力することとその成果との繋がりを理解している生徒も１名見られた。

最後に、「より良く生きること、生きる喜びという言葉で思い浮かぶことは？」という問いでは、「より良く生きる」に対して「正しい生活」「質のよい生活」「今より楽しく生活する」、「生きる喜び」に対して「願望」「周りに助けてくれる仲間がいること」「楽しい、うれしいと思えること」等と答え、自分なりの考えを明確に捉えている生徒も見られた。

以上のことから、本授業を通して、生徒一人一人が自分自身の人生に更に興味・関心を持ち、より良く生きていこうとする姿勢や態度を育てていきたい。

（３）教材について

教材資料名「プロフェッショナル　仕事の流儀」は、NHK で放送され、DVD として販売されたものである。銀座のすきやばし交差点近くの地下で寿司店を営む店主「小野二郎」さんの生き様を伝える内容の番組である。

店主の「小野二郎」さんは戦後、７歳から丁稚奉公に出され、自分で仕事を選ぶ機会もなく、料理人として働き始めていた。自分で店を出すなら手っ取り早い寿司屋でという思いで、２６歳の時に、東京の名店へ弟子入り、以来４０歳で独立して銀座に店を出した。そして、今もなお、お客様のために寿司の「旨さ」を追求し、絶え間ない努力を続けている寿司職人である。２００５年に厚生労働省の「現代の名工」にも選ばれ、２００７年にはフランスの伝統あるレストランガイド「ミシュラン」でも三つ星を獲得した。

社会的な名声や地位を手に入れた高年齢の鮨職人が、目の前のお客様のために、より良いものを食べて頂きたいと日々努力を惜しまず、絶えず研鑽していく気高い生き方に、「憧れ」や「尊敬の念」を抱かせ、誇りある生き方、夢や希望など喜びのある生き方等を見いださせ、人間には、「気高く生きようとする心」があることを理解させたい。

（４）指導方針

- 映像資料で、主人公「小野二郎」さんの生い立ちから修行期間、そして今現在の様子を確認することによって、人間性や現在の名声、社会的な立場を理解し、「憧れ」や「尊敬の念」を持つことができるようにする。
- 教師の発問に対して、自分の思いや考えを学習カードに記載してから発言させることによって、生徒一人一人の緊張感を和らげながら、落ち着きスムーズに発表ができるようにする。
- ４人～５人のグループでの話合い活動を取り入れることによって、自分以外の人の思いや考えを間近で聞き、主体的・対話的な深い学びから「気高く生きようとする心」を考えることができるようにする。
- 主人公「小野二郎」さんの顔写真や寿司職人に関わる資料写真を板書に活用していくことによって、興味・関心を高く持ちながら学習活動に取り組めることができるようにする。

Ⅲ　本時の学習

１　ねらい

映像資料を視聴し、主人公の生き方や言葉の意味や内容を深く考えていく活動を通して、人間には気高く生きようする心があることを理解する。

２　準備・教材

教師：「プロフェッショナル　仕事の流儀」DVD、DVD デッキ、テレビ、
ワークシート、資料写真

生徒：筆記用具、道徳ノート

3　本時の展開

過程	主な学習活動	主な発問と予想される生徒の反応	時間	指導上の留意点・支援
導入	○「プロフェッショナル仕事の流儀（前半部分）」を視聴する。	・本時の学習活動への関心・意欲を高める。	11分	
展開前段	○寿司職人「小野二郎」さんについて考える	○「小野二郎」さんとはどんな方ですか。 ・すごく美味しそうなお寿司を握る人 ・すごい料理人 ・可愛いお爺ちゃん ・多くの人に認められている人	7分	○学習カードに「小野二郎」さんに対する自分の第一印象を思いのまま、素直に記載するように促す。 ○記載した内容を発表することで、自分の思いや考えをスムーズに発表させる。
	○「プロフェッショナル仕事の流儀（後半部分）」を視聴する。	・映像を食い入るように視聴する。	13分	
展開後段	○寿司職人「小野二郎」さんの仕事に対しての姿勢や態度、言葉の意味や内容についてグループで考える。	◎寿司職人「小野二郎」さんの歩んできた人生、仕事に対する姿勢や態度、言葉の意味や内容等で印象深いことは何ですか。 ・努力を惜しまない人 ・お店の店主で、８０歳以上なのに椅子を運んだりと謙虚に仕事をする人。 ・お客さんのために美味しい寿司を作るだけでなく、握る時間やテンポまで考える人。 ・お店の若い人たちも大事する優しい人。 ・人として素晴らしい。	14分	○小野二郎さんの生き方を考え、その姿勢や態度について自分の思いや考えを、最初に学習カードに記載させ、それを基に各グループ内で自分の意見を発表し、仲間の意見や考えを知ることができるようにする。 ○各グループで滞りなく話し合い活動が進むように、各グループで話し合いをリードできる生徒を促しながら机間指導を行う。
終末	○各グループの代表者の発表を聞き、これからの自分のことも踏まえて本時の授業の感想を書く。	・自分も努力を惜しまず生活していきたい。 ・自分も「小野二郎」さんのように生きたい。	5分	○発表された各グループの考えに、頷くことによって自分たちの考えに自信を持てるようにする。

4　評価の視点

・自分の思いや考えを学習カードに記述したり、友達に伝えたりすることができたか。（学習カード、発表）

・グループでの話合い活動を通して、「気高く生きる心」の存在を理解し、より良く生きる姿勢や態度を深く考えることができたか。（学習カード）

保健体育科学習指導案

令和５年　●●月●日　第４校時
２年●組　指導者　小川真太郎
場所　武道館

【授業の視点】
前回り受け身を身に付けるために、タブレットの録画機能を活用したり、お互いにアドバイスし合う活動を取り入れたりしたことは有効であったか。

Ⅰ　単元名　柔道（領域：武道）

Ⅱ　考　察

１　学習指導要領上の位置付け

F武道［第１学年及び第２学年］：柔道
【知識及び技能】
(1) 次の運動について，技ができる楽しさや喜びを味わい，武道の特性や成り立ち，伝統的な考え方，技の名称や行い方，その運動に関連して高まる体力などを理解するとともに，基本動作や基本となる技を用いて簡易な攻防を展開すること。
ア　柔道では，相手の動きに応じた基本動作や基本となる技を用いて，投げたり抑えたりするなどの簡易な攻防をすること。
【思考力、判断力、表現力等】
(2) 攻防などの自己の課題を発見し，合理的な解決に向けて運動の取り組み方を工夫するとともに，自己の考えたことを他者に伝えること。
【学びに向かう力、人間性等】
(3) 武道に積極的に取り組むとともに，相手を尊重し，伝統的な行動の仕方を守ろうとすること，分担した役割を果たそうとすること，一人一人の違いに応じた課題や挑戦を認めようとすることなどや，禁じ技を用いないなど健康・安全に気を配ること。

２　単元（領域）について

本単元では、第１学年に引き続き第２学年でも柔道を扱い、基本的な知識・技能の習得とそれを活用して仲間と協働して課題を解決する学習を設定した。その価値は以下の通りである。

《単元を通して資質・能力を育成する上で大切にすること（価値）》
ア
・武道の特性や成り立ち、柔道の歴史や理論を理解すること。
・基本動作の名称や動き、技の名称や行い方、その運動に関連して高まる体力などを理解すること。
・基本動作や基本となる技を身に付けること。
・技で相手を制する楽しさや喜びを味わうこと。

（知識及び技能）

イ
・柔道の特性を踏まえて、技能や改善のポイントを発見したり、仲間との関わり合いや健康・安全についての自己の取り組み方の課題を発見したりすること。
・発見した課題を、合理的に解決できるよう知識を活用したり、応用したりすること。
・自己の課題について、自己や仲間が思考し判断したことを、言葉や文章などで表したり、他者にわかりやすく伝えたりすること。

（思考力、判断力、表現力）

ウ
・発達の段階や学習の段階に適した課題を設定したり、練習の仕方や場づくりの方法を選んだりする学習などに積極的に取り組むこと。
・規定の範囲で相手を制するといったルールや相手を尊重するといったマナーを守ったり、相手や仲間の健闘を認めたりして、フェアなプレイに取り組もうとすること。
・自己の課題の解決に向けた練習方法について話し合う場面で、自らの考えを述べるなど積極的に話合いに参加しようとすること。
・体力や技能の程度、性別や障害の有無等に応じて、自己の状況に合った実現可能な課題の設定や挑戦を認めようとしたり、練習の仕方を認めようとしたりすること。
・練習の際に、学習課題の解決に向けて仲間に助言したりすること。
・練習の際に、用具の準備や片付け、記録などの分担した役割に積極的に取り組もうとすること。
・体調の変化に気を配ること、柔道着の扱い方や、柔道場等の自己や仲間の安全に留意すること、技能の難易度や自己の体力や技能の程度にあった運動をすること。

（学びに向かう力、人間性等）

- 保体（小川）1 -

3　本単元に関わる生徒の実態（男子２０名、女子１５名、計３５名）

（１）これまでの学習

中学校1年生では、柔道の成り立ちや特性を知り、基本動作や礼法についての大切さを理解してきた。そして、後ろ受け身、横受け身の構造を理解して身に付けてきた。また、課題解決のために自己や仲間の考えたことを、動作や言葉ICTを用いて、他者に伝える活動を行ってきた。

（２）本単元に関わる実態

本学級には35名が所属している。柔道の学習に関心を示した生徒は13名であり、その主な理由は、「投げ合うこと」「いろいろな技があること」などであった。一方、関心を示さなかった生徒は9名で、その理由としては「投げられると痛い」「けがが多い」であった。これは準備運動の大切さを十分に理解していなかったり、受け身の基本的な技能を習得していればけがは少ないということを理解していなかったりするためである。さらに、技能を効果的に習得するための練習方法として、12名の生徒が互いに教え合うこと考えていた。しかし、受け身を確実に行える生徒は10名で、そのほかの生徒は足の位置や手の角度など細かいところが身に付いていなかった。これは、繰り返して練習することを十分にしないためである。また、「背負い投げ」「大外刈り」などの技の名称は14名の生徒が理解している。しかし、技の形などの理解が不十分であったため、確認していく必要がある。このような実態から、生徒一人一人がそれぞれの興味・関心をさらに高め、自己の能力を把握し、我が国固有の文化と伝統的な行動様式を身に付け、相手を尊重して攻防を楽しみながら学習していく必要があると考える。

Ⅲ　目　標

(1)柔道について、基本動作や技能を身に付ける楽しさや喜びを味わい、武道の特性や成り立ち、技術の名称や行い方を理解するとともに、基本的な技能を用いて相手を制することができるようにする。
(2)技能の習得において自己課題を発見し、合理的な解決に向けて運動の取り組み方を工夫するとともに、自己や仲間の考えたことを他者に伝えることができるようにする。
(3)柔道に積極的に取り組むとともに、仲間の学習を援助しようとすることや健康・安全に気を配ることができるようにする。

Ⅳ　単元の評価規準

評価規準		
知識・技能	思考・判断・表現	主体的に学習に取り組む態度
①柔道には、基本動作を身に付けたり、相手を制したりする楽しさや喜びを味わえる特性があることについて、言ったり書き出したりしている。＜知識＞ ②柔道において用いられる技術には名称があり、それらを身に付けるためのポイントがあることについて、学習した具体例を挙げている。＜知識＞ ------------------------------ ①礼法を行うことができる。＜技能＞ ②受け身を行うことができる。＜技能＞ ③技を用いて相手を制することができる。＜技能＞	①提示された動きのポイントを参考に、仲間の課題や出来映えを伝えている。 ②仲間と協力する場面で、分担した役割に応じた活動の仕方を見付けている。 ③仲間と話し合う場面で、提示されたポイントに従い、仲間への関わり方を見付けてる。	①柔道の学習に積極的に取り組もうとしている。 ②仲間に助言したりして、仲間の学習を援助しようとしている。 ③健康・安全に留意している。

- 保体（小川）2 -

Ⅴ　指導方針

・運動が苦手な生徒や男女の体力差への対応として、男女別のグループで交互に学習を進めていく。
・技能習熟度の早い生徒を生かして、生徒の技能向上に結びつけることができるようにするために、技能の習得をグループで行う。
・基本動作や受け身を確実に身に付けるために授業の始めに復習を行い、出来映えを前時と比較させたり、タブレットの録画機能を用いてできばえを確認できるようにする。
・技能の高い生徒が手本を示したり教えたりする小グループでの活動の場面を設けるとともに、教師がそれぞれ個別指導を行う。
・本時の成果と次時の課題を持たせるために、振り返りの場面では、課題に対しての個々の出来映えを学習カードに記録させる。
・始業と終業に座礼を、また対人的技能の練習を行う時には必ず立礼をすることによって、礼儀作法の大切さを感得させ、相手を尊重する態度を身に付けさせる。
・体力の向上やケガの防止のために、柔道に関連のある「えび」などの基本動作の反復練習を用いた体ほぐしの運動を準備運動やウォームアップの段階で毎時間行うようにするとともに、約束練習で相手を投げた後には、引手の相手の袖を握ったままにしておくことを促すことによって、相手の安全面にも気を配れるようにする。
・対人的技能の投げ技が上手にできる生徒には、体の動きと関連させながら構造的に理解させることによって、進退動作、崩しと体さばき等の動き方を身に付けることができるようにする。
・受け身がしっかりできない生徒には、投げ技と関連させながら、後ろ受け身、横受け身、前回り受け身などを取り扱うことによって受け身を確実に身に付けさせるようにする。
・相手の動きに応じて技をかける技能を身に付けていけるようにするために、単元の後半に自由練習の時間を確保するようにする。
・固め技の扱いについては、顔同士が密になるためコロナ等の感染予防の観点から授業内では紹介のみの扱いとする。

Ⅵ　指導と評価の計画（全６時間　本時は３／６）

過程	時間	◎ねらい めあて ○主な活動	☆振り返り（意識）	◇評価基準（評価方法）		
				知識・技能	思考・判断・表現	主体的に学習に取り組む態度
つかむ	1	◎柔道への関心を高め、単元の学習への見通しをもてるようにする。 柔道の徳性や礼法の意義等の理解を深め、礼法や基本動作をしっかり行なおう。 ○オリエンテーション ・特性や高まる体力、学習の見通し、安全管理、約束等 ○柔道着の着方の確認 ○礼法の復習 ○基本動作の復習	☆柔道の特性や学習の進め方が理解できた。 ☆礼法を身に付け、基本動作を理解することができた。	◇柔道には、基本動作を身に付けたり、相手を制したりする楽しさや喜びを味わえる特性があることについて、言ったり書き出したりしている。 知①（学習カード）	◇提示された動きのポイントを参考に、仲間の課題や出来映えを伝えている。 思①（観察・学習カード）	◇柔道の学習に積極的に取り組もうとしている。 態①（観察・学習カード）
追究する	2 3 4 5	◎受け身の意義や構造等を理解させることによって、受け身をしっかりと身に付けることができるようにする。 受け身の意義や構造等への理解を深め、受け身をしっかりと身に付けよう。 ○後ろ受け身の確認 ○横受け身の確認 ○前回り受け身 ○投げ技 ・膝車、支えつり込み足 ・体落とし	☆膝車、支えつり込み足、体落とし、大腰の技能を身に付ける中で、投げ技の崩しについて理解し、それらを適応したり、活かしたりすることができるようにする。	◇礼法を行うことができる。 技①（観察） ◇後ろ受け身、横受け身を行うことができる。 技②（観察） ◇柔道において用いられる技術には名称があり、それらを身に付けるた	◇仲間と協力する場面で、分担した役割に応じた活動の仕方を見付けている。 思②（観察・学習カード） ◇仲間と話し合う場面で、提示されたポイントに従い、仲間への関わ	◇仲間に助言したりして、仲間の学習を援助しようとしている。 態②（観察・学習カード）

		・大腰 ○崩しのポイントの確認 ・引き手（左手）を引く ・つり手（右手）を釣る ・体さばき ※低い位置から段階的に行う		めのポイントがあることについて、学習した具体例を挙げている。 知②（学習カード）	り方を見付けている。 思③（観察・学習カード）	
まとめる	6	◎互いに尊重しながら立ち技の攻防を行ない、相手を制する楽しさを味わう。 立ち技の攻防を行ない、相手を制する楽しさを味わおう。 ○相手との攻防（自由練習）		◇技を用いて相手を制することができる。 技③（観察） 総括的評価		◇健康・安全に留意している。 態③（観察・学習カード）

Ⅶ　本時の学習

1　ねらい

タブレットの録画機能を活用しながら互いにアドバイスし合う活動を通して、前回り受け身についての理解を深め、技能を身に付ける。

2　準備・資料

生徒：生徒用タブレット（各自）、筆記用具、学習カード、教科書
教師：教師用タブレット（１台）、教科書、資料等

3　本時の展開

学習活動	時間	指導上の留意点・支援　評価項目
1．.挨拶・健康観察を行う。 2．準備運動を行う。 ○ストレッチ ○回転運動・えび 3．本時のめあてをつかむ。	10分	○欠席や体調不良、けがをしている生徒がいないかを確認する。 ○体育係・柔道部の生徒を中心に、ストレッチ運動、回転運動、えび等を行い、各関節の可動域を広め、怪我の予防ができるようにする。
4．礼法の復習 5．後ろ受け身け身、横受け身の復習	10分	○安全で効率よく受け身の学習に取り組めるように、教師の号令のもと、男女別に行うようにずる。、 ◇後ろ受け身、横受け身を行うことができる。 技②（観察） ○巡回しながら、技能の向上が見られた生徒を賞賛する。 ○困難さの見られる生徒には、ポイントを想起させたり示範したりして、個別指導を行う。
6．前回り受け身の理解 7．前回り受け身の練習	20分	○受け身の構造がスムーズに理解できるように、教師が実演と解説をしながら示範を行う。 ○畳のマス目を利用させることによって、前回り受け身を真っ直ぐ前方向に行なえるようにする。 ○互いの前回り受け身をタブレットで録画し合い、アドバイスを行う。 ◇仲間に助言したりして、仲間の学習を援助しようとしている。態②（観察・学習カード） ○気付いたことは、声に出して助言するように指示をする。
8．本時の活動を振り返り、反省点や次時の課題を確認する。 9．挨拶をする。	10分	○本時のめあてについて、気付いたことやわかったことを学習カードに記入させる。 ○自分だけではなく、仲間の良かった点についても記入させる。 ○本時のねらい再度確認し、個々に取組を振り返らせ、発表させる。 ○けが人や体調不良者がいないか確認する。

- 保体（小川）4 -

南橋中学校に求められている部活動の現状とこれからの在り方について
～部活動地域移行に向けて受け継がれるべき教育内容や価値とは～

前橋市立南橋中学校
小川　真太郎

Ⅰ　主題設定の理由

本校は、前橋市の北西にある南橘地区に位置し、全校生徒573名、特別支援学級を含む19学級の開校77年を迎えた大規模校である。生徒の実態としては、学習や部活動へ意欲的に取り組め、挨拶や返事など比較的よく行なえる。また、学力は母集団として前橋市内では中位群にある学校である。その反面、物事における良し悪しの判断が曖昧で、集団生活の人間関係において、トラブルを起こしてしまう生徒も数名見られ、更に不登校の生徒や教室には入れず相談室登校の生徒も数名見られる。

部活動では、多くの生徒が運動部に所属し活発的に活動しており、前橋市内の大会で入賞する部も多く、関東大会、全国大会に出場する部も複数ある。近年は、部活動とクラブチームの両方に所属する生徒もいて、クラブチーム所属生徒は競技種目によっては中体連の大会で出場制限がある。また、部員数が40名以上いる部もあり、顧問を担っている教師の負担は非常に大きくなってしまっている。そのため、中学校での教育効果が大きい部活動の在り方を、本校として改めて考えていかなくてはならない現状であるため、上記の主題を設定した。

Ⅱ　研究のねらい

中学校における部活動は、以下のように「中学校学習指導要領第1章総則第5の1ウ」に示された部活動の意義と留意点等を踏まえて行うことが重要とされている。

> ウ　教育課程外の学校教育活動と教育課程の関連が図られるように留意するものとする。
> 特に，生徒の自主的，自発的な参加により行われる部活動については，スポーツや文化，　科学等に親しませ，学習意欲の向上や責任感，連帯感の涵かん養等，学校教育が目指す資　質・能力の育成に資するものであり，学校教育の一環として，教育課程との関連が図られ　るよう留意すること。その際，学校や地域の実態に応じ，地域の人々の協力，社会教育施　設や社会教育関係団体等の各種団体との連携などの運営上の工夫を行い，持続可能な運営　体制が整えられるようにするものとする。
> 引用：文部科学省「中学校学習指導要領」より

これに沿って「中学校学習指導要領（平成29年告示）解説保健体育編第3章指導計画の作成と内容の取扱い3教育課程外の学校教育活動と教育課程との関連」に具体的な方針が示されており、各中学校ではこの方針に従い部活動が実践されている。

また、スポーツ庁の「運動部活動の在り方に関する総合的なガイドライン」の前文によると、部活動の意義を以下のように述べられている。

> 体力や技能の向上を図る目的以外にも、異年齢との交流の中で、生徒同士や生徒と教師等との好ましい人間関係の構築を図り、学習意欲の向上や自己肯定感、責任感、連帯感の涵養（かんよう）に資するなど、生徒の多様な学びの場として、教育的意義が大きい。
> 引用：スポーツ庁「運動部活動の在り方に関する総合的なガイドライン」より

これらの内容をまとめると、「体力や技能の向上」「異年齢との交流における人間関係の構築」「学習意欲の向上」「自己肯定感や責任感、連帯感の育成」等となり、部活動は学校教育の一環として、非常に重要な意義があるとされている。

そして、本校のみならず、現在の地方における中学校教育の中での部活動の教育効果は高く、日本人の多くが、中学校・高等学校での部活動を通して豊かなスポーツライフの実現に向けてだけでなく、社会で必要とされる人間性等を学び様々な力を身に付けてきた。

しかし、近年の文部科学省やスポーツ庁の方針や教員の多忙化解消のため、部活動を地域に引き継ぐことが示唆されている。

そのため、今まで、中学校教育の中での部活動が担ってきた教育効果を明らかにし、近々に行なわれる部活動地域移行でも教育効果が継続していけるようにしてきたいと考えている。

Ⅲ　研究の概要

1．研究構想図

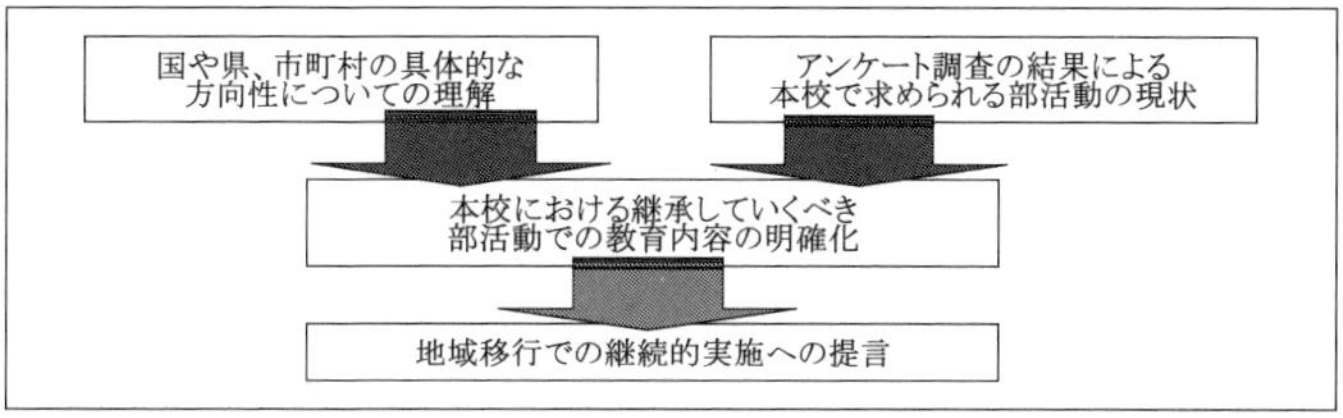

2．調査の実施

前橋市教育委員会がGoogleフォームを用いて行なった以下のアンケート調査「学校部活動と地域クラブ活動に関するアンケート(生徒用)」において、本校の「問4　あなたが学校部活動に所属する「目的」は何ですか。(複数回答可)」、「問5　あなたが学校部活動に所属して「良かったと思うこと」は何ですか。(複数回答可)」、「問6　あなたが学校部活動に所属して「課題と感じたこと」は何ですか。(複数回答可)」の結果の分析を行ない、本校の生徒が求めている部活動の姿を明確化していくこととした。

学校部活動と地域クラブ活動に関するアンケート(生徒用)

学校部活動は、皆さんの学校生活で重要な役割を果たしていますが、参加する皆さんや先生方の負担、課題等も多くあります。前橋市でも、今後の部活動の在り方について検討を始めています。中学生の皆さんの意見を反映して進めていきたいと思いますので、下記のアンケートにご協力ください。どうぞよろしくお願いします。


【学校部活動の地域移行について】

学校部活動をめぐっては、少子化による部員の不足や指導する長時間労働が課題となっています。2022年6月、スポーツ庁での有識者会議で公立中学校において「これまで教員が受け持っていた休日の運動部の部活指導を地域のスポーツクラブや民間企業、競技団体など、外部の団体に移行させていきたい。」と示されました。

なお、移行先では、所属中学校のみならず、複数の中学校が合同で活動することも考えられます。

【休日の学校部活動を教員以外の指導者が指導する方式について】

これまで休日に行ってきた学校部活動の指導者の多くは学校の先生方でした。

このことは先生方にとって、生徒の皆さんと一緒に部活動ができる大切な時間である一方、休養を取ったり、家族と過ごす時間が減ったりするなどの負担が生じる場合もありました。

そこで、平日に学校で行われる部活動(＝学校部活動)と、休日に地域で行われるクラブ活動(地域クラブ活動：スポーツ少年団のようなイメージ)とに分け、学校部活動は先生、地域クラブ活動は、地域の指導者や希望する先生が指導するという方法が考えられています。

問1　※全員回答
あなたが通学している学校名、学年、性別をご記入ください
①学校名　②学年(1年、2年、3年)　③性別(男、女、回答しない)

問2　※全員回答
あなたの学校部活動やクラブ活動などの所属(参加)について教えてください。
①学校部活動のみ所属(参加している)　→　問3へ
②クラブ活動(習い事)のみ所属(参加している)　→　問10へ
③学校部活動・クラブ活動(習い事)共に所属(参加している)　→　問3へ
④共に所属していない(参加していない)　→　問20へ

問3　平日に所属している(参加している)学校部活動は何ですか。
①サッカー　②軟式野球　③陸上　④ソフトボール　⑤ソフトテニス　⑥バスケットボール
⑦バレーボール　⑧卓球　⑨バドミントン　⑩ダンス　⑪新体操　⑫体操　⑬剣道　⑭柔道
⑮水泳　⑯吹奏楽　⑰美術　⑱科学　⑲数学　⑳演劇　㉑合唱　㉒英会話
㉓家庭科(被服、調理)　㉔スケート　㉕スキー　㉖茶道　㉗文化　㉘文芸　㉙パソコン
㉚ボランティア　㉛その他

問4　あなたが学校部活動に所属する「目的」は何ですか。(複数回答可)
①大会・コンクール等でよい成績をとるため
②チームワークや協調性を身に付けるため
③体力・技術を向上させるため
④学校の友達と楽しく活動するため
⑤学校部活動以外に興味のある活動がないため
⑥学校以外にスポーツや文化活動を行う場所(施設)がないため
⑦進学や就職に有利になるかもしれないと考えるため
⑧専門的な指導を受けられるため
⑨その競技や種目、活動をやってみたいと思ったため
⑩特に目的はない
⑪その他

問5　あなたが学校部活動に所属して「良かったと思うこと」は何ですか。(複数回答可)
①活動が楽しい

②友達ができた
③体力・忍耐力がついた
④努力することの大切さを知った
⑤勝つことやうまくなることの喜びを知った
⑥技術や技能が向上した
⑦協調性や規則・ルールを守る規律性が身に付いた
⑧学業との両立を図れている
⑨専門的な指導を受けられた
⑩特になし
⑪その他

問6　あなたが学校部活動に所属して「課題と感じたこと」は何ですか。(複数回答可)
①練習日数が多い・時間が長すぎる
②練習日数が少ない・時間が短すぎる
③生徒同士の人間関係が難しい
④練習内容(指導)が厳しすぎる
⑤練習内容(指導)がやさしすぎる
⑥専門的な指導が受けられない
⑦部員数が多く活動が制限される
⑧部員数が少なく活動が制限される
⑨学業との両立が難しい
⑩特になし
⑪その他
※以下省略

Ⅳ　研究のまとめ

(1)アンケート調査の結果について

本校生徒(全校生徒は573名)のうち、回答した382名の結果は以下のようであった。

「問4 あなたが学校部活動に所属する「目的」は何ですか。(複数回答可)」について

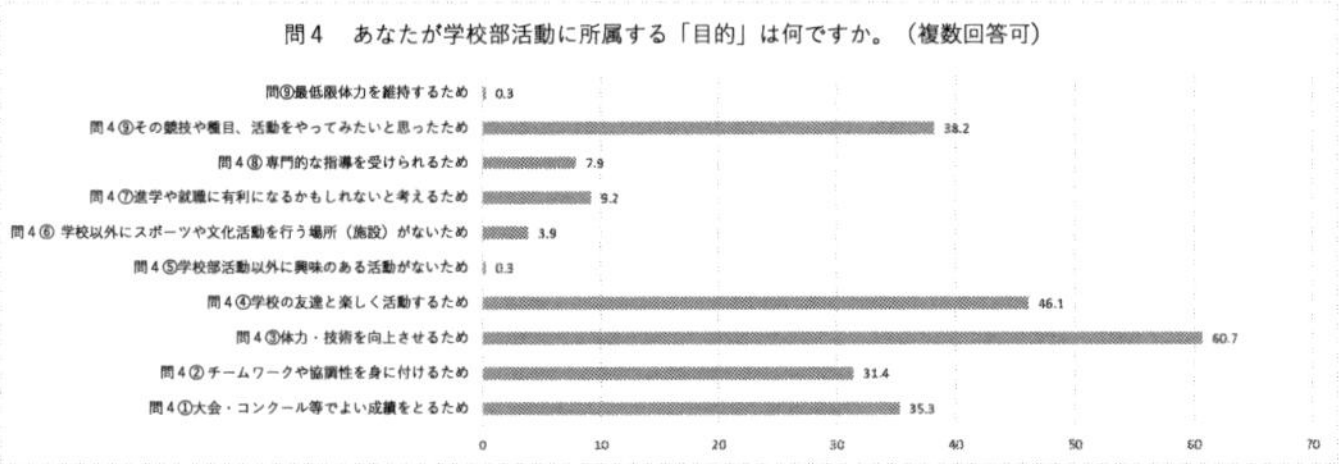

問4の「目的」として一番多かった回答は「③体力・技術を向上させるため」の60.7%で、半数以上の生徒が、「自己の体力や技能の向上を図り、能力を高めたい」という思いが強いことがわかった。また、「自分の体力や技能」についての興味・関心が高いという現れでもあると考えられた。次に多かったのが「④学校の友達と楽しく活動するため」の46.1%で、約半数の生徒が、「友達と楽しく行ないたい」。「友達と楽しい時を過ごしたい」というような思いを持っていることがわかった。仲間と関わる時間や仲間との協同の時間に楽しさを感じていると思われる。更に、「⑨その競技や種目、活動をやってみたいと思ったため」が38.2%で続き、約4割の生徒が自分の選んだ部活動の種目について、高い興味・関心を持って活動に取り組んでいる様子が伺えた。加えて「①大会・コンクール等でよい成績をとるため」も35.3%と多く、結果や成績を求めている生徒も多かった。

問5 あなたが学校部活動に所属して「良かったと思うこと」は何ですか。(複数回答可)について

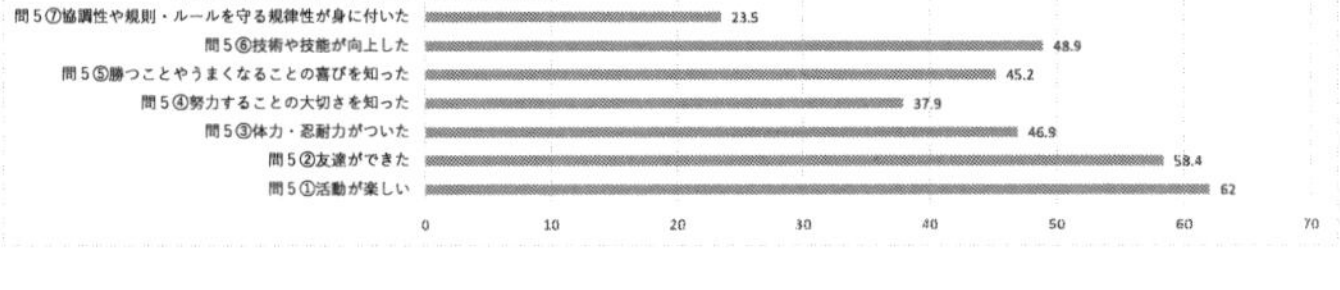

問5の「良かったと思うこと」として一番多かったのは「①活動が楽しい」の62.0%で、6割り以上の生徒が、それぞれの部活動自体に高い価値を見出し、それぞれの部活動を楽しんでいる様子が明らかになった。次に多かったのは、「②友達ができた」の58.4%で、6割り近くの生徒が「部活動を通した人との関わり」に高い価値を見いだしていた。人との関りができることに価値や喜びを見いだしていることが伺えた。更に、「⑥技術や技能が向上した」が48.9%、「③体力・忍耐力がついた」が46.9%と自己の「心身の成長」に関わることに価値を見いだしていた。

問6 あなたが学校部活動に所属して「課題と感じたことは何ですか。(複数回答可)」について

問６　あなたが学校部活動に所属して「課題と感じたこと」は何ですか。（複数回答可）

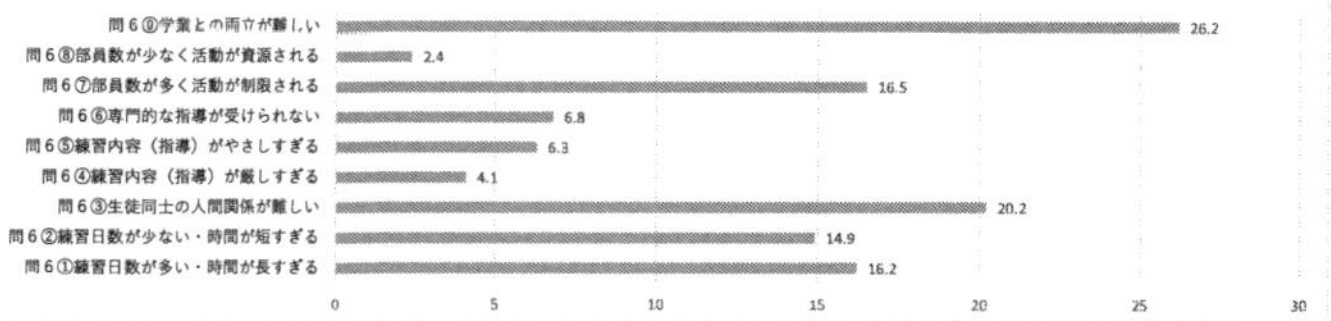

問6の「課題と感じたこと」として一番多かったのは「⑨学業との両立が難しい」の26.2%で、回答者の約4分1の生徒が、学業と部活動の両立を課題としていることが明らかになった。次に多かったのは、「③生徒同士の人間関係が難しい」の20.2%で、回答者の5分の1の生徒が、部活動での人間関係を課題としていた。更に、「⑦部員数が多く活動が制限される」の16.5%と「①練習日数が多い・時間が長すぎる」の16.2%で部活の実施状況に関わる内容を課題としていた。

(2)まとめ

本研究の結果、本校の多くの生徒が、学校における部活動に高い価値を見いだし、部活動を通じて「体力・技能を向上させる」、「活動を楽しみ友達と楽しい時間を過ごしたい」等を求めていることがわかった。

そして、本校の教育活動の中における部活動では、「活動が楽しい」「友達ができた」等、人との関りである「和」や「絆」を育む場としての高い価値も明らかになった。

このような結果から、本校では部活動の地域移行へ向けて、求められている姿や高い教育効果や価値を継続・維持していくために、南橋中学校として地域や指導者へ「希望する誰もが活動できる居場所の確保」「仲間との関りを大切にする場」等を提言していく。また、地域移行の受け皿となるクラブや団体の整備や指導者の確保が早急な課題であり、行政の速やかな対応が求められている。

更に、今後明らかにされる保護者へのアンケート調査結果を踏まえながら南橋地区の地域で行なう活動の環境を、人との関わり方を身に付けながら「和」や「絆」を育む場として、生徒に寄り添ったものに整えていかなくてはならないと考えている。

(3)今後の課題

課題①　受け皿と担い手、つまり委託する団体や指導者の絶対的に不足である。

課題②　委託団体や指導者が教師と同じように生徒の安全や心身の健康に配慮しながら、適切な態度や言葉で指導するのは想像以上に難しいと考えられる。

課題③　さらに大きな課題は家庭の負担である。

課題④　いくつかの中学校の生徒が、一つのスポーツ施設に集まったり、中学校まで集まったりするケースでは、遠く離れた地区から誰が送り迎えするのかも課題になる。

※地域移行の受け皿となるクラブや団体の整備や指導者の確保が早急な課題であり、行政の速やかな対応が求められる。

(4)提言

今後は、地域が子どもたちをどう育てるかという視点が必要である。
子どもたちと一緒に、地域の大人や保護者が意見を出し合い、協力し合って、子どもを育てていくことが、今まで以上に大切になってくる。

◆前橋市中学校体育連盟柔道部委員長

私は、コロナが感染拡大していた令和三年四月から前橋市中学校体育連盟柔道部の委員長を務めました。私が委員長に就任してからの春季大会で、一年ぶりに大会が開催されることとなりました。

しかし、コロナ禍以前のような大会の実施は、コロナウイルス感染拡大を招く原因となる要素が多かったため、感染予防対策を最大限に実施しながら大会を運営していく必要がありました。そのため、大会運営を改めて考え直し、実施要項も含めて全て作り直す必要がありました。例年の要項に関しては、年度と日付、参加人数等を変えればいいだけの変更でありましたが、この時だけはそうはいかず、就任直後から前途多難な様々な案件が待ち受けていました。

コロナ禍で行われる初めての大会に向けて、担当の校長先生のご指導を何度も受けながら大会要項を作り直しました。そして各中学校の顧問の先生が集まる組み合わせ会議で、コロナ禍に対応した大会案を提案しました。

市内各中学校の柔道部顧問の先生のご賛同を得て、男女別開催で団体も従来の予選リーグ方式をトーナメント戦のみに、個人戦も試合時間短縮でゴールデンスコア方式ではなく旗判定を用いて勝敗を決することとしました。

また、濃厚接触を避けるため、無観客開催と試合会場の人数制限も行いました。開会式や閉会式を簡略化し、表彰式も成績発表だけとして賞状授与は各学校で行っていただくこととしました。三年担任で進路指導主事、授業時数も週二十二時間の中で市中体連柔道部委員長の仕事をしていくのは、私にとって本当に厳しいものでした。

しかし、目の前の生徒たちが一生懸命柔道に打ち込んでいること、私が柔道に育てていただいたこと、担当校長先生や各中学校柔道部顧問の素晴らしい先生方等の仲間に支えていただいたことで、何とかその役割を行うことができました。感謝の思いでいっぱいです。

◆群馬県中学校保健体育研究会理事長・事務局長

平成三十年・令和元年（平成三十一年）と県中学校保健体育研究会理事長・事務局長を務めました。

群馬大学教育学部附属中学校に勤務経験があった私は、教育研究会の事務局が担っている仕事を理解していました。五教科の県教育研究会の事務局が附属中学校にあり、その教科の教員はそれも理由の一つとして、三人必ずいたのです。事務局長、書記、会計と役割を分け、研究会の事務局が運営をされていたことを理解していました。

　附属中学校で体育主任をしていたとき、県教育委員会から県中学校保健体育研究会の事務局を五教科と同じように附属中学校で受けてほしいと打診があったのですが、当時の附属中の管理職から絶対に受けないようにと釘を刺されました。その事務局を、一人でやるのは、とても厳しいと思いました。

　様々な外部とのやり取りを考え理事長と事務局長を兼務することとしました。その年度当初、前橋市教育委員会での情報漏洩問題があり、市内中学校のインターネットがすべて使用できなくなりました。

　群馬県中学校保健体育研究会として前橋市外とのやり取りがメインであった私は、自宅の備え付けのパソコンで県中保体研のメールのやり取りを行わなくてはなりませんでした。そのため、帰宅後、夕食の用意、後片付けを済ませてからの二十二時ぐらいから二十三時半頃まで行うことが多かったです。

フリーアドレスを活用していたため、その当時のやり取りの履歴は今でも確認することができます。六月の修学旅行前に、自分自身の身体が遂に音を上げ、結膜炎になってしまい、修学旅行三日前から前日まで出勤できなかったのを覚えています。

なかなか校内のインターネットが普及されなかったため特に、二学期後半の三者面談や進路事務と授業研究発表会や県学校体育研究会の実施の時は、自分の身体の限界を常に感じました。自分の命を削ったり、自費を投じて学校現場以外の教育研究会の仕事を、現場の教師がする必要があるのかと思うこともありました。

教師は、目の前の子どもたちに対してできる限りのことがやれる環境でなければならないと強く思う二年間でした。

◆自分の時間と趣味を大切に

中学校の教科としての保健体育では、保健分野の一年生で、「欲求不満やストレスの解消」の勉強をします。

人は誰でも「欲求不満」や「ストレス」を感じます。この「欲求不満」や「ストレス」と付き合い上手に解消していかなくては、心身ともに健康な生活を送っていくことができないと私なりの解消法を考えて授業を行ってきました。

私は自動車が大好きです。

幼い頃、「西部警察」や「あぶない刑事」等のドラマに影響を受けました。主人公が乗るスポーツタイプの自動車が、本当にかっこよくて憧れました。そして、車のプラモデルを作ったり、雑誌を見たりすることが大好きで、欲求を満たしたり、ストレスを発散することができていました。

大人になっても変わらず、車のことを考えたり、雑誌や動画を見たり、情報を収集したり、手入れをしたり、ドライブすることが、私にとって家族と過ごす時間の次に大切です。

大人は誰でも欲求不満やストレスを解消する手段を自分なりに身に付けておく必要があると思います。スポーツをすること、お酒を飲むこと、ゴルフをすること、パチンコをすること等他人に迷惑をかけずに自分をコントロールすることができるような活動が必要不可欠だと私は思っています。

他人に迷惑をかけなければ、どのような趣味でもいいと思います。

そして、このような自分の時間や趣味が人生の糧となり、明るく前向きに生活できるように教師の方々や私に関わるすべての方々を応援していきたいと思います。

第七章　導き

◆テレビの中の「坂本　金八」先生

私が幼稚園の頃に始まった、テレビの学園ドラマ「3年B組金八先生」は、今でも教師としての私の基礎になっている部分があります。

小学生時代、夕方、再放送をしていたのを、帰宅後に見ていたのだと思います。毎日、ハラハラドキドキしながら生徒のために全力で走り回る坂本金八先生に魅了されていました。

中学生の時に、「憧れの人は?」という質問に対して、ドラマの先生の「坂本金八」と真剣に答えたことに対して父が呆れたことがありました。「ドラマの架空の世界の人物を答えて、面接試験の得点になると思うか。もう少しよく考えろ。バカモンが」と父にこっぴどく叱られたことがありました。

でも私は、ドラマの中ではありますが中学校の教師である「金八先生」に本当に憧れ、尊敬の念を抱いていたと今でも思います。

ドジでおっちょこちょいで破天荒、そして三枚目でおやじ臭くて時々気持ちの悪い存在。しかし、子どもたちに対する気持ちや愛情は誰にも負けない。何かあればすぐに駆けつける。真っ直ぐに公私共に子どもたちの魂を揺さぶるために本気で関わる。いつも本音で生徒や保護者、上司や同僚とぶつかり合う。子どものことを常に思い、子どもたちの将来のために本気で全力で行動する金八先生の姿が今の私の原動力でもありました。

私もこんな先生になりたい。目の前の子どもたちと喜怒哀楽を分かち合いながら自分の人生を歩んでいきたい。そして、卒業後も金八先生と同じように生徒たちと一生涯付き合っていきたいと思っていました。

気付けばそんな私も、関わる生徒や保護者に「何かあれば連絡を。すぐに駆けつけるから」と言っていました。帰宅後も、連絡があれば生徒を探しに行ったり、保護者に会いに行ったりしていました。

私の理想であり、なりたいと思う教師像は、いつまでもたっても若かりし頃の「坂本金八先生」だと思っています。

◆小学校時代の恩師〇先生

小学校五、六年時の担任の先生がいたからこそ、私は教師の道を選んだと思います。暴れん坊で、手のつけられなかった私に、人としての「心」を育んでくれたのはこの先生だと思っています。

漢字テストを「ステップ〜」と得点でクリアしていく到達式にしてみたり、宿題は無しで自主学習を行うようにするなど、勉強が苦手な生徒に対しても意欲を持って学習に取り組めるように工夫してくださってました。おかげで、自分で勉強することの大切さを学ぶことができました。この時の経験が自分の教師としての基礎になっていました。

六年生に進級した春、先生が学級活動の時間に、近くの敷島公園へ花見に連れていってくれました。

県営陸上競技場（現正田醤油スタジアム）の西側付近の現地で、自由時間に鬼ごっこをしていたとき、女の子とぶつかりそうになりました。体の大きかった私は、ぶつかって怪我をさせるわけにはいかないと必死によけた時、足を捻ってしまいました。自分では骨が折れたなと…。案の定、脚を地面に着けることもできずにいました。

そんな私をＯ先生は、背中に負ぶって学校まで帰ってくれたのです。六年生の当時、六十キログラム近く体重があった私をです。息づかいも荒くなり汗だくになりながらも、私を学校まで笑顔で運んでくれました。

その時から、私も「こんな先生になりたい」と思い、今までＯ先生の後を追ってきました。そして、Ｏ先生から教えていただいたことと同じように目の前の子どもたちのために全力で接していきたいと思うようになりました。Ｏ先生はいつまでも私の憧れであり、理想の先生です。

◆カリスマ女子体育教師Ｄ先生

箱田中学校で、最初の一年をご一緒させていただいた女子体育の先生は、私にとって師匠の一人です。

このＤ先生の教員人生最後の一年を、ご一緒させていただくことができ、本当に幸せでした。とにかく「愛」に溢れている先生です。温かく、生徒のことを大事に考えてできる限りのことをするという姿勢を常に感じていました。

子どもたちへの愛は半端なものではありませんでした。それを子どもたちも理解しているため、時に厳しい指導でも、しっかりと前向きに子どもたちが応えてくれるのです。必要があれば、保健体育の時間、一時間まるまると生徒たちがしっかりと理解するまで話をする時もありました。

「小川くん、駅伝は私がやるよ」とご退職前最後の一年、自ら陣頭指揮を執って学校全体の駅伝の指導をしてくださりました。最年長であるD先生が率先して取り組まれる姿勢に、全職員が一丸となって応援し、学校全体で駅伝に取り組むことができました。

結果は、数十年ぶりに男女揃って県大会出場、校内マラソン大会でも新記録が立て続けに出て、学校全体の持久力が素晴らしく向上しました。

市内各中学校の体育の先生から、箱田中学校での私の使命の一つとして、D先生のご退職のお祝いの会をしっかりやることだと仰せつかっていました。市中体連会長でもあった当時の勤務校の校長先生を中心に、発起人の先生方とご案内をつくり、関係があった先生方に会の実施を呼びかけさせていただきました。市内の関係された先生約百二十人ほどが参加してくださり、D先生のご退職を盛大に祝うことができました。

D先生の人望を強く感じ、尊敬の念を改めて感じた場面でもありました。

D先生のお姿はいつまでも私の憧れの姿です。

◆並外れた行動力をお持ちのT先生

T先生は、中学校の教師でありながら、子どもたちのためにご自身の私財を投じて棒高跳び専用施設を作られました。

そして、群馬だけではなく、日本全国の棒高跳びの競技レベルの向上や普及発展に努められています。T先生のご尽力のおかげで、群馬県出身の選手が数々の大会で日本一になっています。

近年では、令和五年に群馬県出身の選手がアジア大会で日本新記録を更新しながら銀メダルに輝きました。日本選手権でも男子、女子共に優勝、準優勝と上位を独占しました。

また、群馬県の選手がインターハイ男女アベック優勝、全国中学校陸上競技大会でも入賞者を出すなど、素晴らしい成績を残しています。日本代表として国際大会でも入賞する選手をたくさん育てられています。

後進の指導者の育成にも尽力され、県内の多くの教え子たちが小学校、中学校、高等学校、特別支援学校の教師をしながら、Ｔ先生と一緒に子どもたちに棒高跳びの指導をされています。教え子の方々も教師としてとても素晴らしい結果を出されています。

Ｔ先生は、中学校にお勤めだった時に、その並外れた指導力と仲間の先生方との結束力で男子駅伝チームを全国優勝、女子駅伝チームを全国準優勝に導きました。

現在は中学校をご退職され、地元で介護施設を中心とした企業を営まれ、地域の方々のためにもご尽力されています。家族や親戚のためにも一族をまとめ、様々な支援をされています。

Ｔ先生は、体育教師にとって心強い存在であり、今でも私の憧れの先生でもあります。

◆時代を先読みして舵を取る若きＳ社長

私は、クルマ（自動車）が大好きです。休日に時間があれば、常にクルマの雑誌を読んだり、ＹｏｕＴｕｂｅをみたり、愛車の洗車や手入れをしています。

数あるクルマの中でも私は、国産のスポーツカーが大好きです。日本自動車産業の誇りと思っている日本を代表するＸ社の国産スポーツカーを十五年前から愛車として保有しています。

このクルマを通して、私は様々なご縁が重なり、前橋市内に本社を置く自動車販売会社のＹ会長、Ｓ社長と公私ともにお世話になっております。

Ｓ社長は若くして、お父様から会社を引き継ぎ、新しい時代の変化に迅速に対応した社の方針を打ち出し、前向きに実行されていることに、私は心から尊敬の念をいだいています。県行政へ出向して関わった「ぐんまマラソン」の仕事を離れ、学校現場に戻ってからも、県庁時代の上司から依頼され、競技車両の手配をお願いしたことがありました。

国内各自動車メーカーの生産完了検査について、各メーカーの不備が明らかとなり、各自動車販売店がその対応に追われていました。県内の各自動車販売店がその対応に追われ、競技車両の適用を辞退される販売会社がほとんどでした。

そんな中、当時、常務だったＳ社長からは私たちの依頼に対して「わかりました!我が社はご協力します！」と温かいお返事をいただきました。

そして、競技車両を提供をしていただき、運転してくださる社員も派遣してくださいました。

ぐんまマラソンの立ち上げに関わった人間として、本当にありがたく感謝の気持ちで一杯でした。

Ｓ社長は社長就任後、自社の取り組みとして、県内の自動車販売会社としていち早く完全週休二日制を取り入れたり、賃金の見直しをされたりして社員の待遇改善を進められました。また、各営業所への来場者を増やし、より多くのお客さんと接する機会を設けるために、定額による洗車システムをつくられ、店舗の活性化に努められました。更に、持続可能な社会を築いていくために、農業法人を設立され、各店舗で廃棄されるオイル類を使った温室施設をつくり、いちご栽培を始められました。

そして、自社の取締役会では、役員の皆様に「昔は、何々だったと発言しないでください。モチベーションが下がりますので。常に先をみて前向きな発言をお願いします」と新しい時代を見据えた素晴らしいリーダーシップを発揮されているようです。

私は若きS社長の常に先を見据えた判断力・実行力に感服しています。販売されている国内自動車メーカーのキャッチフレーズの一つでもある「他がやらぬことをやる」を確実に実行されていると感じています。

数員不足が深刻となっている学校現場も、いち早くS社長が舵を取られたように、業務改善や働き方改革を実行し、魅力溢れる仕事にしていかなくてはならないと思います。

今後も一人の社会人として、公私にわたりご指導・ご鞭撻をいただきながら私も私の進むべき道を歩んでいきたいと思っています。

◆柔道

私は幼い時から「柔道」をしています。一昨年、お世話になった先生方のお導きにより、講道館六段となりました。

父である小川正行も、祖父である小川肇も柔道を修行していました。そのため、私は「柔道」を身近な家庭環境の中で、自然と学び始めていました。

「柔道」、正式名称「講道館柔道」は、全世界の人々に親しまれています。日本で生まれ世界に誇れる「我が国固有の伝統文化」でもあり、全世界で多くの競技人口がいる「スポーツ」でもあります。

私はこの「講道館柔道」の生みの親で、教育者でもある嘉納治五郎先生の「精力善用　自他共栄」の言葉に沿って生きることを心掛けています。

「精力善用」とは、「自分の持つ力を有効に働かせるという原理を使って、より大きな力を生むことができ、その力を世の中の役に立つことのために使いなさい」ということを表しているとされています。

また、「自他共栄」とは、「互いに信頼し、助け合うことができれば、自分も世の中の人も共に栄えることができる」という意味で、「そうした精神を柔道で養い、自他共に栄える世の中を作れ」という教えと言われています。

父・小川正行は、群馬大学教育学部保健体育講座の教授として、教員の育成に励むと共に、講道館七段として、学生たちの指導に努めました。晩年は、群馬県学生柔道連盟の会長として、学生柔道の普及・発展に尽力しました。

祖父・小川肇も、昭和五十年代に前橋市内の小学校の校長を務めながら、同志の方々と群馬県ゲートボール協会を立ち上げ、初代会長として地域スポーツの普及発展に取り組んだようです。

父も祖父も、柔道を修行した者として、嘉納治五郎先生の教えを自ら実行していたと思います。

私も、教師として、嘉納治五郎先生の教えである「精力善用　自他共栄」に沿って、一生懸命仕事に取り組ませていただきました。

　これからは、学校現場で教師として子どもたちに寄り添っている先生方が少しでもよりよい環境で子どもたちの教育が行えるように、新たなステージで「精力善用　自他共栄」を実践していきたいと思います。

◆故 群馬大学柔道部元監督　小川 正行 先生

　群馬大学柔道部監督だった父・小川正行先生は、学生のために全力でやれることをやる、学生を守るために身体を張ることができる学生思いの人でした。三十年以上前のことで、今ではもう「時効」となる話なので、私が高校時代にあったエピソードを書かせていただきます。

　群馬大学柔道部の学生が、飲酒運転で交通事故を起こしました。

　事故の相手方も、腕っ節に自信がある方々で、柔道部の事故を起こした二人の学生に対して、かなり強い態度で手を出したそうです。

　それに対して酔っていた一人の学生が、抵抗して相手に怪我をさせてしまいました。怪我をした相手は病院へ運ばれ、自動車事故以外にも大変なこととなりました。

飲酒運転だったため、交通事故に対しても自動車保険を適用することができず、話がこじれにこじれたようです。事故を起こした学生本人や家族だけでは、怪我をした相手方と和解のめどが立たず、事故の相手方の方が、所属組織の仲間を連れて事故を起こした学生の下宿先まで毎日押し掛けていました。

このような状況を見守っていた父は、事故を起こした柔道部の学生の下宿先に同じ柔道部の学生を交代で詰めさせて、事故を起こした本人に柔道部の仲間を寄り添わせるとともに、父自らが交渉相手となり、相手や相手方の親分と連絡を取り合いました。

そして父自ら相手方が所属する組織の事務所に行くこととなり、家族が心配するなか、腹部にさらしを巻いて出かけていった記憶があります。相手方と父との話し合いは何回かもたれました。

案の定、相手方の親分は、話がわかる方で、今までのご経験から学生や父の誠意を認め、怪我をしたために仕事ができない期間の日当と車両の弁償、気持ちとしての謝罪金を学生側が支払うということで決着をつけることができたと聞きました。

その後は、相手方も学生の下宿先に押し掛けることもなく、事故を起こした学生も自動車運転免許を失効することなく再び車に乗ることができるようになりました。

大学の教員として、監督する柔道部の学生であり、自身が所属する専攻の学生の面倒を命がけでとことんみる父の姿に偉大さと尊敬の念を感じたのを覚えています。

その後、私も群馬大学に進学して、父と私は所属した保健体育講座や柔道部で師弟関係にあったため、いつも近くにいました。

そんな私は、父に常に言いつけられていたことがいくつかあります。

「人と人との関わりを大切に、そして丁寧にしろ」

「先を見て、先を読み、先に動け」

「人は社会のために頭、身体、金が使えなくてはいけない。おまえは金が無いのだから、頭と身体を使え」

「自分がされて嫌なことはまわりの人にしてはいけない。自分がしてほしいと思うことをまわりの人に自分から先に行え」

「物事の善し悪しをしっかりと見極めろ。そして流されるな」

「自分が置かれている立場、状況、場面を考えて行動しろ」

「柔道家は武士だ、侍魂を持って命がけで全身全霊全力で大儀に立ち向かえ」

「信頼は何よりも強い力になる。常に信頼を得ることを心掛けろ」

「目の前のことに全力で取り組め、止まらず走り抜け」

「身銭を切れ、見返りを求めるな」

「ご恩には、感謝の気持ちを持って奉公しろ」

「叶えたいと思ったことは思い続け、努力を惜しむな」

「死にもの狂いに血反吐を吐くほどの努力すれば、成し遂げられないことはない」

「おまえが携わる目の前の子どもたち一人一人の将来と未来を常に考えて接していけ」

「ミスをしたり上手くいかなかったりすることもある。その時は、誠心誠意、頭を下げろ」

「戦うときは、強い意志と信念を持ってとことん戦え」

「自分に関わるまわりの方々に常に気を使え」

「社会人として、地域のボランティア活動にも励め」

「正しいと思うことを貫け、妥協するな」

「俺はおまえの最大のスポンサーだ。おまえは俺の期待に応える義務がある。俺の期待に応え、喜ばせることで、おまえは俺の支援をより受けることができ、おまえも喜べる」

「自分の人生がどうなのか、どうだったのかは、自分が息を引き取る死ぬ直前でなければわからない。だから、それまで全力で物事に取り組め」等など…。

まとまりなく書きましたが、まだたくさんあったような気もします…。
父・正行の導きで、人間社会で必要とされることを身に付けることができたからこそ、私は強い信念と意志を持って、群馬県内で教師としての仕事に取り組むことができたと思います。
私は、まだまだ未熟ではありますが、父・正行の遺志を受け継ぎ、父の教えを守り、これからの群馬県や前橋市の子どもたちのために人生を邁進していく決意です。

長いあとがき

父・正行が他界した時から、自分の生き方を考え直すようになりました。

父は生前、「自分の人生がどうだったかは死ぬ直前じゃないとわからない。だから、それまで全力で生きろ」と言っていました。

父は、テレビドラマにあるように家族や友人に囲まれ、みんなの言葉かけや涙の中、自宅で最期を迎えました。

父の葬儀には、たくさんの方々が最期の父に会いに来てくださりました。

葬儀場の全フロアを貸し切らせていただいたにもかかわらず、参列いただいた皆様のお席を確保することができず、申し訳なく思ったのを覚えています。

大学の研究者で教育者でもあった父の功績を葬儀を通して改めて実感しました。

最期まで人のために生きる姿を自らの生き方で示してくれていたと思います。

そして、父の葬儀の時、「人のために生きる」というバトンを、私は父から渡されたような気がしました。

群馬で生まれ育った私は、「群馬」「前橋」を誇りに思っています。

幼稚園、小学校、中学校、高校、大学と前橋市内の学校に通い、教師として県内の学校に勤め、今までの人生全てを群馬で過ごしてきました。

お恥ずかしい話でもあるのですが、群馬でしか生活したことのない、群馬県で四十九年間生きてきた生粋の群馬県人です。

少年時代、手のつけられないような暴れん坊で異端児だった私は、まわりの方々に数々のご迷惑を重ねました。中学の時にも公然と人の前で喧嘩をしたりして、両親と謝りに行ったことも何度もあります。

そんな私が、家族や恩師、師と仰ぐ方々をはじめ、私に関わっていただいている全ての方々のお陰で、教師として二十四年間、県庁職員として三年間勤めてくることができました。

その間、様々な方々にもお世話になり娘三人を成人として育てることができました。

私や私の家族に関わっていただいた方々に感謝する毎日です。

私たち兄弟は、教育関係の仕事につき、父と同じように命をかけて全身全霊で仕事をしています。そして、私の娘二人を含めた近親者の二十人以上が県内外の大学、学校、子ども園で現役の教員をしています。近親者で、これだけ教育関係者がいる一族も珍しいかもしれません。

私たち一族は、教師という人と接する仕事に魅力や価値を強く感じているから仕事ができているのだと思います。

教師は、本当にやりがいのある素晴らしい仕事なのです。しかし、その教師の立場も今現在、厳しい状況であります。

私自身も仕事をしていて、教師として限界を感じたことが何回もありました。私には、自分ですらこなすことが難しい仕事量を他の人に頼むことや任せることはできないと思っています。

私が経験してきたもがき苦しむ経験は私だけで十分だと思っています。

年齢が上がると共に、同僚の先生方に仕事をお願いしなくてはならない立場となりました。空き時間が少ない中、勤務時間外に行わなくてはならない仕事になってしまうと思うと心苦しいと思うときがたくさんありました。

幸せなことに、箱田中学校の時の教え子三人と、最後に勤めていた前橋市立南橘中学校で教師として一緒に働くことができました。

しかし、その教え子たちにも、私と同じ思いや苦労をさせていると思うと、やり切れない気持ちにもなりました。私と同じような思いをされている現場の先生方も多いかと思います。

教師を志望する方も、年々減ってきていて、国公立の教員養成大学の受験者数を見て愕然としました。これほどまでに、志願者数が減ってきているとは思いもよりませんでした。

私事で恐縮ですが、令和五年十一月に次女に子どもが生まれ、私も祖父になりました。次女夫婦は共に小学校や子ども園の教師をしています。

娘婿は、単学級の小学校に勤めているため、育休制度があっても周りへの負担を考えると育児休暇を取れるような状況ではないのが学校現場の今日です。出産した後の娘を見ていると産後のお母さんの苦労が本当によくわかります。

次女も、育休明けにフルタイムで仕事をする予定です。シフト制や設置基準から、孫が熱を出して親が仕事を休めば、誰かが代わりをしなくてはならないのが現状です。職場の周りの方々に負担が掛かります。

そのため、孫のことを考えると、教師同士共働きの二人だけで育てていくのは本当に厳しい状況だと思います。

これが今の子育て世代が置かれている現実です。

学校の先生たちが、自分の子どももしっかり産み育てられる環境が厳しいのが現実でもあります。

父は、有名な石原慎太郎さんと裕次郎さん兄弟に憧れを持っていたと思います。私たち兄弟の名前から物心ついたときからそう思っていました。兄の石原慎太郎さんは、作家としてだけではなく、政治家としても活躍されました。賛否両論はありますが、政治家として多くのことを有言実行なされていた方だと思っています。私はそんな石原慎太郎さんに幼い頃から父と同じように憧れていました。

私はこの厳しい教育現場の状況を、何とかしたいと思っています。

そのために、幼い頃から憧れている石原慎太郎さんのように、教師ではない違う立場になって、現場の先生たちがより子どもたちに寄り添え、自分の家族と充実した生活をできるように教育現場をより良くするために、残りの人生全力を尽くしたいと思うようになりました。

教師を志す人たちが、自分や家族を大切にしながらより良い人生を送ることができるようにと。

今まで私が深く関わってきたスポーツ振興と共に残りの人生を命がけで仕事をします。そして、人生の最後は、得意な料理を生かし地域で学童を兼ねた子ども食堂を開き、地域の子どもたちのために生きたいと思っています。クルマ好きな子ども食堂のおやじとして。

物書きとしての能力がなく稚拙な本になってしまうのは重々承知しておりますが、教師として歩んできた人生に区切りをつけるため、「教師のすすめ」を出版させていただくこととしました。

教師を目指し志す皆さまを心から応援する意味も込めて。

本書を作成するに当たり、共愛学園前橋国際大学学長の大森昭生先生、同大学客員教授の青木博先生、育英大学副学長の柳川美麿先生、同大学教授の上原景子先生、群馬大学共同教育学部保健体育講座教授の木山慶子先生、同大学准教授の島孟留先生、元群馬県スポーツ推進委員協議会会長の蜂須聖司先生、元渋川市立北橘中学校校長の青木金雄先生、元榛東村立北小学校校長の大塚一彦先生、前橋市立南橘中学校校長の福田博之先生にご指導をいただきました。

また、群馬県柔道連盟様、群馬育英学園様、ベル・アスレティックジャパン様、マチダホールディングス株式会社様、平出紙業株式会社様、藤井経営株式会社様、有限会社前橋義肢製作所様、角田写真館様、季節料理逢とり縁様、上毛新聞社様に多大なるご支援、ご協力をいただきました。

この場をお借りして心よりお礼申し上げます。

ありがとうございます。
最後に、本書を、私の生涯の宝である私に関わってくれた子どもたち、教師としての私を導き、教え、支えてくださった皆さま、そして何より家族や妻・香奈子への感謝の一つとさせていただければ幸いです。

令和六年　四月二十二日

小川　真太郎

著者：小川　真太郎（49歳）

1974年（昭和49年）８月６日群馬県前橋市生まれ

初孫と

＜学歴＞

前橋市立岩神小学校、前橋市立第三中学校、前橋育英高等学校、
群馬大学教育学部保健体育講座（現群馬大学共同教育学部保健体育講座）卒

＜職歴＞

1997年度～	北群馬郡吉岡町立駒寄小学校（臨時教員）
1998年度～	群馬県立榛名養護学校（現群馬県立渋川特別支援学校）
2002年度～	独立行政法人群馬大学教育学部附属中学校 （現独立行政法人群馬大学共同教育学部附属中学校）
2010年度～	前橋市立箱田中学校
2014年度～	群馬県生活文化スポーツ部スポーツ振興課 スポーツプロジェクト推進室マラソン推進係
2017年度～	前橋市立南橘中学校
2024年	退職

※2014年度～　群馬大学教育学部（現共同教育学部）実地指導講師
2020年度　（2017年度～ 2020年度は無償）

＜県教育研究会・県中学校体育連盟・市中学校体育連盟関係＞

2005年度～2009年度　群馬県中学校体育連盟調査研究部員
2018年度・2019年度　群馬県中学校保健体育研究会理事長・事務局長
2021年度～2023年度　前橋市中学校体育連盟柔道競技部委員長
2021年度～2023年度　前橋中学校体育連盟常任理事
2022年度～2023年度　群馬県中学校体育連盟常任理事
群馬県中学校体育連盟調査研究部副部長

＜競技団体関係＞

1999年度～現在　群馬県柔道連盟事務局員
2015年度～現在　群馬県柔道連盟国際交流委員会実行委員
※東京オリンピック2020キャンプ地誘致活動としてハンガリー国柔道連盟役員及び選手団の招聘事業を継続実施中
2017年度～現在　群馬県柔道連盟事務局次長
2017年度～　ぐんま武道館柔道教室代表
（2020年３月よりコロナのため現在休室中）
2022年度～　群馬県武道振興会（県内武道９団体連合会）事務局次長
2023年度～現在　群馬県武道振興会（県内武道９団体連合会）事務局長

＜社会奉仕関係＞

2010年度～現在　前橋警察署前橋中央東支部少年補導員
2022年度～現在　共愛学園前橋国際大学シオン会（保護者会）理事
2023年度　前橋市城東町４丁目青年会７組幹事長
2023年度～現在　共愛学園前橋国際大学シオン会（保護者会）本部役員（会計）
2024年度～現在　共愛学園前橋国際大学シオン会（保護者会）本部役員（副会長）

＜資格＞

講道館柔道六段、教員免許小学校１種、教員免許中学校１種（保健体育）、教員免許高等学校１種（保健体育）、SAJ全日本基礎スキー技能テスト１級

＜著書＞

ぐんまマラソンのすすめ　2021年８月　上毛新聞社より出版

＜家族構成＞

妻：会社員、長女：小学校教諭、次女：幼稚園教諭・保育士、三女：大学生、
前橋市城東町に家族（妻、娘２人）と在住、次女は2023年に小学校教諭と結婚

教師のすすめ

発行日　2024年５月30日

著　者　小川　真太郎

発行所　上毛新聞社出版編集部

〒371-8666　群馬県前橋市古市町1-50-21
TEL 027-254-9966　FAX 027-254-9965